SANNOマネジメントコンセプトシリーズ

産能大式 機能する成果主義人事実践ガイド

組織貢献型人事システムの構築と運用ポイント

(学)産業能率大学総合研究所
人事システム開発プロジェクト 編著

Performance-based,
HRM system

まえがき

　1990年代前半より、日本の産業界において目標管理を中心概念とした「成果主義人事システム」が注目され始め、1995年頃から一気に成果主義人事システムへの転換が本格化し、多くの企業で競うように導入されてきた。しかし、昨今、成果主義の弊害も指摘されるようになり、成果主義批判の書籍や記事なども大きく取り扱われるようになった。そもそも成果主義への転換とは、人事評価の主たる基準が社員の扶養者数・年齢・勤続年数・学歴、あるいは潜在能力といった属人的な「人」基準から、目標や重要職務の出来映えによる「仕事」基準に変わることである。

　日本経済の高度成長期、安定成長期では、日本は欧米諸国の成功例を模倣して、「昨年までこうしたから、今年はそれを一部改善して……」とか、「過去の成功例に基づいて、今年もこのままやれば成功する」という具合に、過去の経験や知識に基づいて行動したり、発言したりする「過去思考」で十分に通用した。しかし、徐々に欧米諸国にお手本を求められない時代になると、未来を展望し、その実現のために今、何をするべきかを追求する「未来思考」が必要になってきた。そのような時代の流れと歩調を合わせるかのように、成果主義への転換が起こってきたのである。

　日本の産業界で成果主義人事システムが注目され始めて、すでに10年以上の歳月が経過したことになる。その間、筆者たちのグループは、さまざまな企業や組織において、成果主義人事システムの構築や運用強化を実施してきた。

　そのコンサルテーションや企業研修といった実践の場で培ってきた成果主義人事システムを本来の目的で機能させ、活用するためのノウハウを本書は体系的に解説している。本書は成果主義人事システムを、よくある成果主義批判の、人件費の抑制や短期的成果のみを追求するツールとして考えるのではなく、中長期的な評価、あるいは「目標からの成果＝評価される成果」の単純公式ではなく、組織に対してどのような貢献をしたかという組織貢献度に基づく評価を重視したシステムとしてとらえている。

各章の概要は、以下のとおりである。

第1章：成果主義人事システム生成の経緯と現状

　これまでの日本の産業界における人事システム変遷において、成果主義人事システムの位置づけを確認し、最新型の成果主義人事システムの特徴を解説する。

第2章：成果主義人事システムを機能させるポイント

　最新型の成果主義人事システムを機能させるための2大ポイントである、中長期的な評価と貢献度の評価のポイントを解説する。

第3章：機能する成果主義人事システム構築のポイント

　実際に成果主義人事システムを構築していくために、等級・役職、目標管理、履歴管理、人事評価、給与処遇の5つのサブシステム構築におけるポイントを解説する。

第4章　機能する成果主義人事システムに向けた運用強化のポイント

　実際に成果主義人事システムを運用していくために、目標設定、履歴管理、成果評価の運用強化のポイントと、マネジャー研修の具体的な方法を解説する。

第5章：中長期的な人材成長概念を組み込んだ人材アセスメント

　中長期的な評価の核になるコンピテンシーの評価ディメンションの事例を紹介し、実際の多面観察評価とアセスメントセンター方式の実施方法を解説する。

終　章：さらなる人事評価の高度化に向けて

　これまで解説してきたそれぞれの人事評価の位置づけを明確にし、これからの人事評価で特に重要となると思われる「顧客評価」について解説する。

　読者の方々の中には、すでに成果主義人事システムを導入して、その運用強化の方法に興味のある方もいれば、成果主義人事システムを導入しようかどうか迷われている方もおられるであろう。本書では、成果主義人事システムの構築と運用強化の両方の方法に対応できる内容になっている。少しでも多くの読者の皆様への参考になれば幸いである。

　2005年11月

　　　　　　　　　　　　　　　　　　　　　　　　　　　筆者グループ一同

目　次
産能大式　機能する成果主義人事実践ガイド

まえがき

第1章　成果主義人事システム生成の経緯と現状 …… 1

第1節　これまでの人事システム ……… 2

（1）日本の産業界における人事システム構築の流れ　2
（2）成果主義人事システムの生成　3

第2節　成果主義人事システムの現在進行形 ……… 4

（1）資産デフレ、心的デフレの急襲による人事システムの揺動　4
（2）人事システム運用の視点の逆転　5
（3）データから見る成果主義の状況　7
（4）成果主義人事システムの進化　9

第2章　成果主義人事システムを機能させるポイント …… 13

第1節　人材マネジメントシステムの考え方 ……… 14

（1）人材マネジメントシステムの構成要素　14
（2）人材マネジメントシステムの全体図　15
（3）人材マネジメントシステムにおける人事システムの守備範囲　19
（4）自社の人材マネジメントシステムの調査・診断方法　21

第2節　短期的評価と中長期的評価に基づく人事評価の考え方　31

（1）短期的評価と中長期的評価の相違点　31
（2）機能する成果主義人事システムに向けた短期的評価のポイント　32
（3）機能する成果主義人事システムに向けた中長期的評価のポイント　36

第3節　目標管理と履歴管理に基づく貢献度評価の考え方　38

（1）目標管理と履歴管理の相違点と目標の種類　38
（2）機能する成果主義人事システムの目標管理のポイント　40
（3）機能する成果主義人事システムの履歴管理のポイント　41

第3章　機能する成果主義人事システム構築のポイント　43

第1節　等級・役職システム構築のポイント　44

（1）中長期的な評価としての等級システムのねらい　44
（2）昇格・降格審査の必要条件と十分条件　46
（3）中長期的な評価としての役職システムのねらい　51
（4）等級と役職を分離した運用　53

第2節　目標管理システム構築のポイント　54

（1）財務目標と施策目標の比較　54
（2）企業における重要数値指標としての財務目標　55
（3）財務目標を達成するための施策目標と重要職務　58
（4）職務の特徴に応じた目標設定　59

第3節　履歴管理システム構築のポイント　61

（1）履歴管理を成功させるポイント　61
（2）中長期的な課題形成のための4つの切り口　65
（3）中長期的な課題体系の確立　66

（4）履歴管理での目標や職務の高度化　70
　（5）履歴管理でのナレッジの高度化　71

第4節　人事評価システム構築のポイント　74

　（1）人事評価の公式の確立　74
　（2）人事評価の算式の確立　76
　（3）目標成果評価と履歴成果評価の実施　77

第5節　給与処遇システム構築のポイント　81

　（1）年収体系の確立　81
　（2）中長期的な評価・短期的な評価から見た年収金額パターン　82
　（3）ポイント方式による賞与額の決定　84
　（4）積み上げ方式と洗い替え方式による月例給与額の考え方　86
　（5）すべての諸手当に関する意思決定　87

第4章　機能する成果主義人事システムに向けた運用強化のポイント　91

第1節　成果主義人事システムの運用目的と機能させるための前提条件　92

　（1）人材マネジメントシステムとして運用　92
　（2）人材マネジメントシステムのマネジャーの守備範囲　94
　（3）運用を強化するための前提条件　95

第2節　成果明確プロセスにおける運用強化　102

　（1）目標設定の4つのプロセス　102
　（2）プロセス1：マネジャーによる組織目標に取り上げる重点課題の形成　103
　（3）プロセス2：組織目標の具体化　112
　（4）プロセス3：メンバーへのブレイクダウンと個人目標の設定　116

（5）プロセス4：目標設定内容の上司・部下による事前調整の実施　120

（6）能力開発目標の設定　127

第3節　成果創出プロセスにおける運用強化　129

（1）成果創出プロセスにおける運用の形骸化　129

（2）履歴管理の事例　130

（3）履歴管理の運用　132

第4節　成果評価プロセスにおける運用強化　140

（1）成果評価の2側面と主な活用　140

（2）履歴管理をベースにした貢献度評価　141

（3）クロスレビューで評価の視点のケタ揃え　145

（4）評価面談の進め方　147

（5）フィードバックの2側面と実施ポイント　148

第5節　運用スキル向上のためのマネジャー研修　151

（1）人事評価者訓練から目標設定および成果評価研修へ　151

（2）目標設定および成果評価研修の効果を高めるポイント　153

（3）メンバーを動機づけるコミュニケーションスキル　157

第5章　中長期的な人材成長概念を組み込んだ人材アセスメント　161

第1節　人材アセスメントとその展開のあり方　162

（1）人材アセスメントの位置づけと目的　162

（2）人材アセスメントの対象領域　163

第2節　プロ人材に求められるコンピテンシー ……… 165

（1）新たに求められる人材像としてのプロ人材　165
（2）評価ディメンションの全体図　167
（3）成果創出スキルの構造　168
（4）成果創出への志向性の構造　170
（5）職場運営適性の構造　171

第3節　多面観察評価の特徴と方法 ……… 176

（1）多面観察評価の意義　176
（2）多面観察評価の効用　177

第4節　アセスメントセンター方式の特徴と方法 ……… 179

（1）プロ人材アセスメントの基本的な考え方　179
（2）プロ人材アセスメントの特徴　182
（3）プロ人材アセスメントの標準プログラム　184
（4）プロ人材アセスメントの活用内容　184
（5）プロ人材アセスメントの結果報告書によるフィードバック　188

終　章　さらなる人事評価の高度化に向けて ……… 193

索　引　197

第1章
成果主義人事システム生成の経緯と現状

第 1 節　これまでの人事システム

（1）日本の産業界における人事システム構築の流れ

　日本の産業界において、実質的に人事システムが「型」としてあらわれてきたのは、敗戦直後の 1945 年に電力会社に導入された「生計処遇型システム」である。このシステムは当時の窮乏状況下において生活優先の視点から給料を決定した考え方であり、生活保障給や家族手当・扶養手当など、生計給をベースとした人事処遇であった。

　続いて 1950 年の朝鮮戦争、そして高度経済成長の助走期には、年齢・勤続年数・学歴などの個人属性に基づく「年功序列型システム」が登場し、給与体系では、年齢給や勤続給を基本給とした給与処遇へと変化していくことになる。

　そして、40 年不況やドルショック、オイルショックを経ながらも、本格的な高度経済成長期の中で、職務遂行能力をベースとした「能力型システム」である職能資格制度が、本格的な人事システムとして登場する。

　職能資格制度の体系は、職能等級定義や職務要件書といった基準によって区分された職能等級制度や、複線型の管理・専門・専任職制度などである。また、組織の役職階層と資格等級を分離させ、ポスト不足であっても、昇格でモチベーションを維持しようとしてきたシステムである。そして、日本の経済高度成長期から安定成長期にいたる約 20 年間にわたって職能資格制度は日本の人事システムの代名詞となった。

　職能資格制度は、その人の担当している仕事や成果ではなく、職務遂行能力を重視した「人」基準の人事処遇である。基本給は年齢給と職能給の併存給体系が一般的である。人は 1 年経験すれば能力は習熟するという考え方に立ち、職能給については、毎年の昇給の積み重ねが、実態として年功給的な運用になった側面が見られた。

(2) 成果主義人事システムの生成

　安定した成長が続くと思えた日本の産業界は、1985年のプラザ合意による円高ショックを皮切りに1991年のバブル不況という形で、めまぐるしく大きな変化を経験することになる。日本経済の状況もインフレからデフレへ、産業界の業況も高度成長から低成長へと、長い低空飛行の時期に突入していくのである。

　戦後、先進国である欧米諸国を目標に、果敢に挑戦し続けたキャッチアップの時代が終わり、自らが独自の目標を創出し、その達成に向けてチャレンジしていかなければならない創造の時代への突入を余儀なくされた時期でもあった。このような時代背景に呼応するかのように、バブルの崩壊後、日本の産業界においては1990年代前半頃より、人事システム自体も目標管理を中心概念とした「成果主義人事システム」が注目されていくのである。

第2節　成果主義人事システムの現在進行形

（1）資産デフレ、心的デフレの急襲による人事システムの揺動

　各時代の人事システム生成の背景には、日本の経済社会環境の変化がある。とりわけ成果主義人事システムの生成の背景には、1980年代後期に、価格が膨張的に急騰した株や土地などの資産が、1990年代に入るとバブル崩壊となり、それらの価格も急落した「資産デフレ」が挙げられる。それ以外にも、人口の減少問題、少子高齢問題、失業問題、あるいは未就業率の問題からくる雇用不安などが挙げられる。

図表1-1　バブルの崩壊

```
◆1989年12月　　　：日経平均株価最高値
　　　　　　　　　　（終値：38,915円）
◆1991年　　　　　：バブルの崩壊
――資産インフレ時代から資産デフレ時代への転換――
◆1991年　　　　　：全国地価公示価格最高値
◆1995年4月　　　：（戦後の）円最高値
　　　　　　　　　　（1ドル＝79円75銭）
◆1997年　　　　　：現金給与総額最高額
```

　私たちを取り巻く環境は、図表1-2のデフレスパイラルチェーンとして表すことができる。すなわちデフレの呪縛である。経済社会環境の変化に加えて、国民の大きな将来不安である年金などの心理的な不安が「心のデフレ」として、デフレスパイラルに拍車をかけている。
　このデフレスパイラルの呪縛は、これまでの企業の伝統的で固定的な雇用慣行にも大きな影響を与え、正社員の雇用抑制、非正社員の積極的活用、年功序列型の給与体系の是正という、それまでの人事システムの根幹を揺り動かすことになった。
　そして、これらの動きに同期化するように、個人の仕事観も、社内での評価に

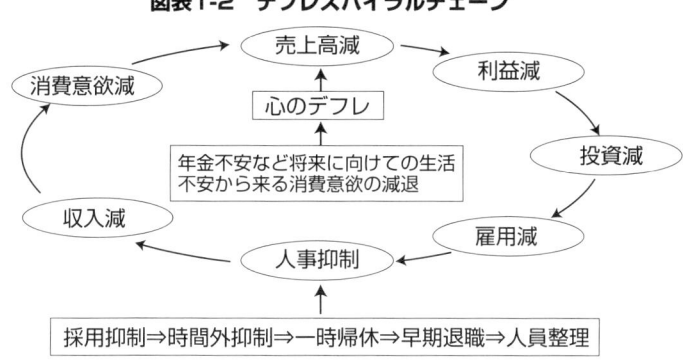

図表1-2 デフレスパイラルチェーン

売上高減 → 利益減 → 投資減 → 雇用減 → 人事抑制 → 収入減 → 消費意欲減 → 売上高減

心のデフレ

年金不安など将来に向けての生活不安から来る消費意欲の減退

採用抑制⇒時間外抑制⇒一時帰休⇒早期退職⇒人員整理

重点を置いた働き方から、社外の労働市場における価値を意識した働き方へシフトしてきた。いわゆる、仕事そのものの高度化の志向、キャリアアップの探究である。

　良い人材というのは、自社でも他社においても必要とされ、活躍が期待される。また、さまざまな仕事を通して、常に労働市場での価値を意識し、自らの価値の高度化を図り、自らのキャリアデザインを描くことができる。このような良い人材の期待に応えるとともに、このような人材を輩出できるよう、人事担当者が、人事システム自体を揺り動かす力を持つことが要求されてきている。

(2) 人事システム運用の視点の逆転

　日本経済の良き時代といえる高度成長期、安定成長期では、日本は欧米諸国の成功例を模倣して、このようにすればうまく作れる、売れるといった「どのようにして（how）」に力点を置けばよかった時代であった。企業における仕事のあり方も、「昨年までこうしたから、今年はそれを一部改善して……」とか、「過去の成功例に基づいて、今年もこのままやれば成功する」というように、過去の経験や知識に基づいて行動したり、発言したりする「過去思考」で十分に通用した。

　しかし、バブル崩壊後、欧米諸国に答えを見つけられない目標喪失の時代になると、未来を展望し、その実現のためには今「何（what）」をするべきかを追求する「未来思考」が必要になってきた。図表1-3の未来思考が、中長期計画から全社経営計画、組織目標そして個人目標に展開する際の重要な思考方法といえる。

図表1-3　過去思考と未来思考

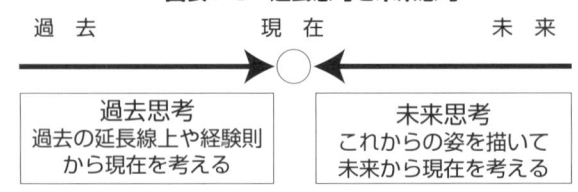

```
過　去            現　在              未　来
─────────────→  ○  ←─────────────
   ┌──────────────┐      ┌──────────────┐
   │   過去思考    │      │   未来思考    │
   │過去の延長線上や経験則│      │これからの姿を描いて│
   │ から現在を考える │      │未来から現在を考える│
   └──────────────┘      └──────────────┘
```

　また、人事システムの運用における重要課題も逆転した。バブル崩壊前までは、企業活動を通じて獲得した成果を、定期昇給やベースアップを通じてどのように配分するかという、「成果配分」の側面が主に議論されてきた。

　これに対して、バブル崩壊後は、社員の力をいかに引き出し、成果そのものをどのようにして獲得、開発するかという「成果開発」の側面に運用の主要課題がシフトした。

　さらに、人材育成の視点も逆転した。それまでに蓄積した知識、技術、技能をベースに仕事をしていても成果を生み出すことができた時代は、過去思考に基づく人材育成で済まされた。しかし、将来に向けて成果開発を継続して実現するためには、未来思考に基づいて、今後の事業活動の対象である市場・顧客、商品・サービス、技術の新規開発などに対応できる人材育成をしなければならなくなった。

　このように状況が変化すれば、人事システムの運用の視点も変えることが必要になる。仕組みだけを成果主義にして、運用の視点が過去思考の目標設定、成果配分重視の人事評価、過去思考の人材育成であるとすれば、成果主義人事システムは機能し得ない。

図表1-4　人事システムの運用視点の逆転化

バブルの崩壊前	バブルの崩壊後
特徴的なキーワードの変化	
ポイント①　人材に求められる時間的展望の変化	
過去思考がベースの時代	未来思考がベースの時代
ポイント②　人事システム運用における重要課題の変化	
成果配分に重点	成果開発に重点
ポイント③　人材育成の観点の変化	
過去思考に基づく人材育成	未来思考に基づく人材育成

（3）データから見る成果主義の状況

ここで、日本の産業界における成果主義の導入状況、および導入後の実施・機能状況、効果などについて、2003年に学校法人産業能率大学総合研究所が実施した「日本企業の人材戦略と成果主義の行方」に関する調査報告書から概略を述べていくことにする。

①成果主義的人事システムの導入状況

自社の人事システムが「かなり成果主義的」、もしくは「やや成果主義的」であると答えた企業は、アンケート回答社数495社のうち232社で、およそ半数に近い47％であった。

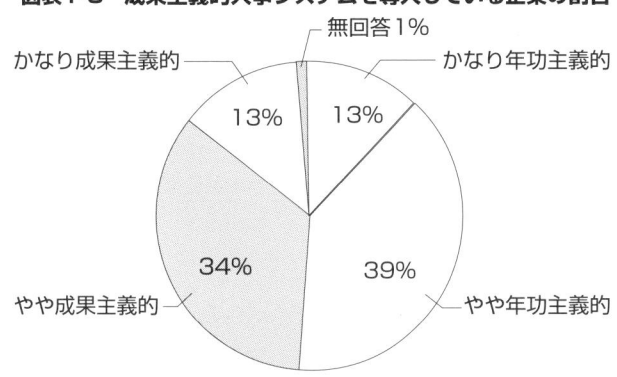

図表1-5　成果主義的人事システムを導入している企業の割合

- かなり成果主義的　13％
- やや成果主義的　34％
- やや年功主義的　39％
- かなり年功主義的　13％
- 無回答　1％

出所：「日本企業の人材戦力と成果主義の行方調査報告書」
　　　学校法人産業能率大学　総合研究所

②成果主義的人事システムの導入時期

図表1-5の成果主義的人事システムを導入している企業の割合で「かなり成果主義的」、「やや成果主義的」と回答した企業におけるシステム導入の時期を見ると、図表1-6の通り、バブル崩壊とほぼ同時期の1990年頃を起点として、1995年あたりから急速に増加していることがわかる。

図表1-6 成果主義的人事システムの導入時期

出所：図表1-5と同じ

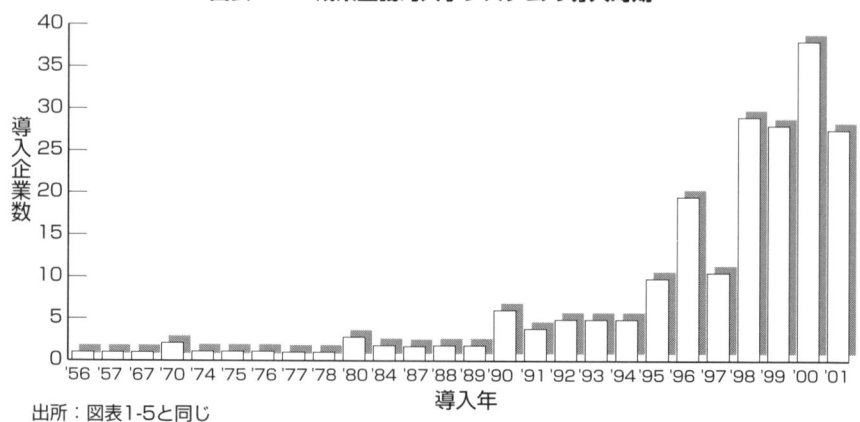

③成果主義的人事システムと企業属性との関係性

　図表1-7は各企業の主力事業領域の1999年から2001年度にわたる3ケ年の市場成長率と、成果主義的人事システムの導入状況の関係性を調査したものである。市場成長率がプラス成長である企業群での成果主義的人事システムの導入割合のほうが、マイナスやゼロ成長である企業群の導入割合よりも高い関係性になっている。

　図表1-8と図表1-9は、各企業の1999年から2001年度にわたる3ケ年の年間売上高伸び率と経常利益伸び率、および成果主義的人事システムの導入状況との関係性を調査したものである。市場成長率と成果主義的人事システムの導入状

図表1-7　中心となる事業領域の市場成長率と成果主義的人事システムの導入状況の関係性

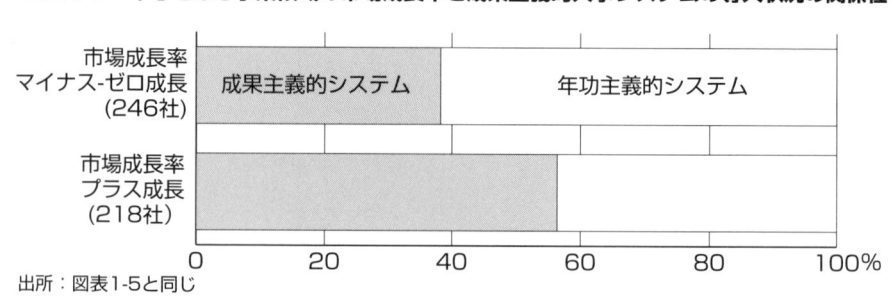

出所：図表1-5と同じ

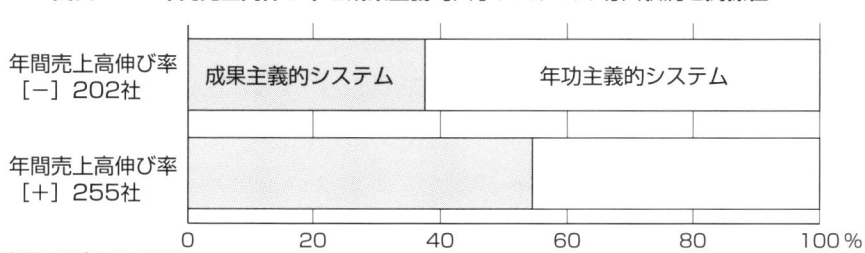

図表1-8　年間売上高伸び率と成果主義的人事システムの導入状況と関係性

	成果主義的システム	年功主義的システム
年間売上高伸び率 [−] 202社	約38%	
年間売上高伸び率 [+] 255社	約55%	

出所：図表1-5と同じ

図表1-9　経常利益伸び率と成果主義的人事システムの導入状況と関係性

	成果主義的システム	年功主義的システム
経常利益伸び率 [−] 191社	約40%	
経常利益伸び率 [+] 255社	約52%	

出所：図表1-5と同じ

況の関係性と同様に、年間売上高伸び率および経常利益伸び率ともに伸び率がプラスである企業群での成果主義的人事システムの導入割合のほうが、伸び率がマイナスである企業群の導入割合よりも高い関係性になっている。

(4) 成果主義人事システムの進化

　バブル崩壊後の1990年頃より、人事システムは目標管理を中核とした成果主義人事システムへと変貌を遂げていくが、そのシステムも徐々に改良されながら進化している。その進化のプロセスを、

　①第1期成果主義：目標中心型 (事後評価中心型)
　②第2期成果主義：目標改良型 (事前・事後評価型)
　③第3期成果主義：組織貢献型

図表1-10　成果主義人事システムの進化

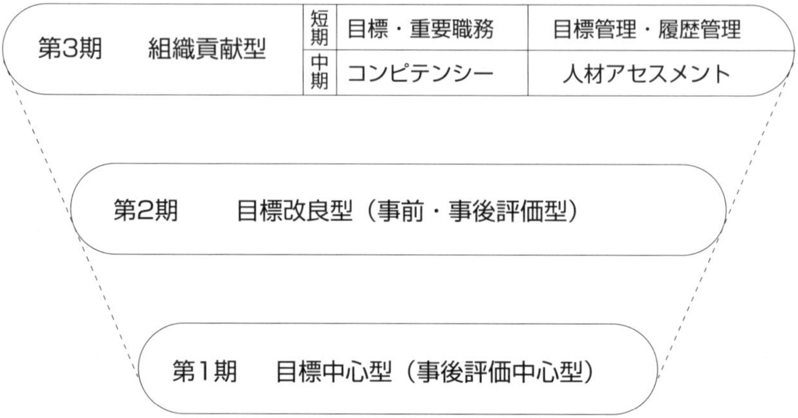

第3期　組織貢献型	短期	目標・重要職務	目標管理・履歴管理
	中期	コンピテンシー	人材アセスメント

第2期　目標改良型（事前・事後評価型）

第1期　目標中心型（事後評価中心型）

の3期に分類して、その特徴や相違点を明確にする。

①第1期成果主義：目標中心型(事後評価中心型)

　第1期の成果主義は、1990年頃より本格的に大手企業を中心に導入、運用され始めた。特徴は、人事評価の客観性と納得性を高めるためには目標を数値化し、その達成度で絶対評価することが重要であると認識された点である。数値目標を中心にした達成度で評価する結果主義の「目標中心型(事後評価中心型)」の人事システムである。

　しかし、日本の産業界自体が成果主義人事システムを導入した後の運営の経験が不足していたという側面もあって、数値目標を中心にした事後評価中心の人事評価には、さまざまな問題点が生じてきた。図表1-11では、問題意識の代表的なものを整理した。結果主義の目標管理や人事評価になっていると、目標設定レベルの高低の無視、目標達成の運不運の無視、職務遂行プロセスにおける組織貢献の無視などによって、社員のモチベーションを大きく下げる方向で機能してしまう問題が生じるようになった。これらの点についてシステムを改良していく必要が生じたのである。現在、これらの問題点を抱えている企業があるとすれば、いまだに第1期成果主義：目標中心型(事後評価中心型)の段階にあると判断できる。

図表1-11 よくある成果主義に関する問題意識

◆成果の定義をしないまま、短期的な成果だけを追求して中期的に成果開発を実現するに至らない。

◆成果＝収益、数値目標というように結果偏重に陥り、目標達成するのに必要な施策を評価しないなど、結果出来高主義のシステムに陥っている。

◆個人の目標管理に評価が集中するあまり、組織内での目標の共有化が行われず、職場内における連帯感が失われる。

◆失敗を恐れ、高い目標にチャレンジしなくなる。

◆達成しやすいように、低い目標設定をすることが慣行となる。

②第2期成果主義：目標改良型(事前・事後評価型)

　図表1-11の中の「失敗を恐れ、高い目標にチャレンジしなくなる」とか、「達成しやすいように、低い目標設定をすることが慣行となる」といった目標管理システムの運用実態に対する改良点として、人事評価システムそのものにメスが入ることになる。つまり、目標設定段階での事前評価の実施である。第1期の目標中心型(事後評価中心型)の結果偏重から、目標設定レベル重視の「目標改良型(事前・事後評価型)」へ展開していくことになる。単純な達成度評価だけではなく、目標の設定レベルを勘案して評価するという考え方である。設定度や難易度として評価された、つまり、「高い目標を設定して、高く達成したことを、高く評価をして、高く給与処遇をする」という概念の成果主義人事システムである。

　この事前・事後評価型の成果主義人事システムで、第1期成果主義：事後評価中心型で指摘された、「失敗を恐れ、高い目標にチャレンジしなくなる」とか、「達成しやすいように、低い目標設定をすることが慣行となる」といった問題は、ある程度は改善されたと考えられる。

　しかし、目標の事前評価を実施する場合、「高い・相当・低い」といった設定レベルを判定するわけであるが、その判定基準があいまいで、上司次第の運用に陥る傾向が強まった。また、変化のスピードが激しい不透明な状況の中で、目標に取り組む前に設定レベルを判断することには限界があり、運用実態としては、事前評価が高めとなったり、目標未達成の救済措置として運用されたりするケー

スが多々見られるようになった。取り組んでみなければわからないという目標の持つ不確実性と、実際に組織貢献した事実との間に生じるギャップを吸収することができないのである。

　さらに、目標改良型(事前・事後評価型)の成果主義人事システムでは、短期的な成果は把握できても、そこに至る取り組みプロセスや中長期的な視点から成果開発につなげていき、継続的に企業や個人が成長していくという視点が弱い点も指摘されてきた。

③第3期成果主義：組織貢献型

　目標は、環境変化や市場の動向変化などを分析・推測して設定した仮説である。仮説は、実際に取り組んでみて初めて気がついたり、新たな発見があったり、軌道修正が伴うこともよくある。つまり、どんなに議論を尽くしても完全な目標を設定することは不可能である。このような前提条件を持つ目標に対して、その達成度で評価することには限界がある。

　一方、成果とは、本人の役割をふまえて組織貢献した事実である。仮説は複数立てられるが、事実は1つである。第3期成果主義の組織貢献型の成果主義人事システムでは、設定した目標をベースにしながらも、その取り組みの事実と実際に生み出した成果の事実によって、どれだけ組織貢献したかを評価する。これによって、取り組んでみなければわからないという目標の持つ不確実性と、実際に組織貢献した事実との間に生じるギャップを吸収することができる。評価の視点を達成度や設定度あるいは難易度から「貢献度」にシフトすることによって、組織貢献している社員の納得性を高めることが可能になる。

　第3期の組織貢献型の成果主義人事システムは、第1期、第2期のこれまでの成果主義人事システムが抱える問題点を解消し、中長期的な人材視点を重視する人事システムである。

第2章
成果主義人事システムを機能させるポイント

第1節 人材マネジメントシステムの考え方

(1) 人材マネジメントシステムの構成要素

　企業は業績の向上や組織や個人の成長のために、企業を取り巻く環境の変化を読み取り、そこから変革の芽を発見、発掘して対処していくことが必要である。こうしたことに取り組むための仕組みを人的側面の視点からまとめたものを「人材マネジメントシステム＝人的側面からの企業づくりの仕組み」と呼ぼう。人材マネジメントシステムは、次の9つの構成要素で成り立っている。

図表2-1　人材マネジメントシステムの構成要素

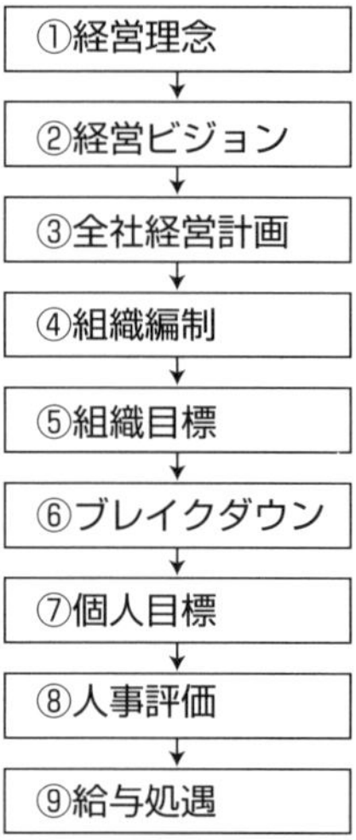

```
①経営理念
   ↓
②経営ビジョン
   ↓
③全社経営計画
   ↓
④組織編制
   ↓
⑤組織目標
   ↓
⑥ブレイクダウン
   ↓
⑦個人目標
   ↓
⑧人事評価
   ↓
⑨給与処遇
```

　人材マネジメントシステムの起点は、企業に所属する社員全員の経営価値概念としての①経営理念である。企業は経営理念に基づいて経営されていく。③全社経営計画、⑤組織目標、⑦個人目標の3要素は、それぞれ経営者、マネジャー、および一般社員が意思決定した重要数値や重要施策を記述したものである。

　②経営ビジョンは、①経営理念に基づいて③全社経営計画を作成するための経

営者の意思決定プロセスである。経営理念を実現するために、経営者が中長期的に実現したいと考えていることが経営ビジョンであり、具体的に実施すべきものが、年度ごとの全社経営計画である。つまり経営ビジョンは、経営理念と全社経営計画をつなぐための要素である。

　④組織編制は、③全社経営計画から⑤組織目標を設定するための、経営者とマネジャーの合意形成の場面である。経営者が組織やマネジャーに期待することと、マネジャーが実際にやろうとしていることや、できることを適合させる必要がある。その後で、マネジャーが合意した内容に基づいて組織目標を決定していくのである。

　同様に、⑥ブレイクダウンも⑤組織目標から⑦個人目標を設定するためのマネジャーと一般社員の合意形成の場面である。合意形成の結果として、組織における一般社員への期待が明確になり、それに基づいて個人目標を決定していく。

　①経営理念から⑦個人目標までは、企業や組織、あるいは社員の重要職務の連鎖を表している。それらの重要職務と、人材マネジメントシステムの最終段階である⑨給与処遇につなぐ要素が⑧人事評価である。

　人事評価を大別すると、主に月例給与額や賞与額を決定するための短期的な人事評価と、等級の昇格・降格、あるいは役職の任用・解任を決定するための中長期的な人事評価に区分することができる。

　短期的な人事評価の期間は、原則として1年以下である。中長期的な人事評価の期間は1年を超えるものである。上位等級への昇格や役職への任用は、5年、10年という評価期間になる場合も珍しくない。一般的に人事評価というと、月例給与や賞与の評価といった短期的な人事評価をイメージすることが多いが、社員の評価は短期的人事評価と中長期的なそれとの両面で決定されている。さらに、人材マネジメントシステムの最終段階である給与処遇も、短期的な人事評価と中長期的な人事評価の両面の評価結果によって決定されていく。

（2）人材マネジメントシステムの全体図

　企業にはその規模や業種の側面から見ると実にさまざまなものがあり、それぞれの特徴を持って経営されている。ただし、人材マネジメントシステムの構成要

図表2-2　人材マネジメント

	経営者中心	経営者とマネジャーの接点

経営理念　　　　　　　　　　　　　　　　　　　　　　　　　経　営

経営計画

経営計画システム

- 経営ビジョン
  - 全社中長期計画・財務計画
  - 全社中長期計画・施策計画
- 全社経営計画
  - 全社経営計画・財務計画
  - 全社経営計画・施策計画
- 組織編制
  - ・経営者とマネジャーの合意形成場面

全社経営計画	組織目標
	組織編制

目標管理

履歴管理

人事評価

成果開発
- 人事評価結果から、次期全社経営計画への展開

経営者の人事評価
成果配分

成果開発
- 人事評価結果から、次期組織目標への展開

給与処遇

人事評価結果から、次期経営者給与処遇への展開

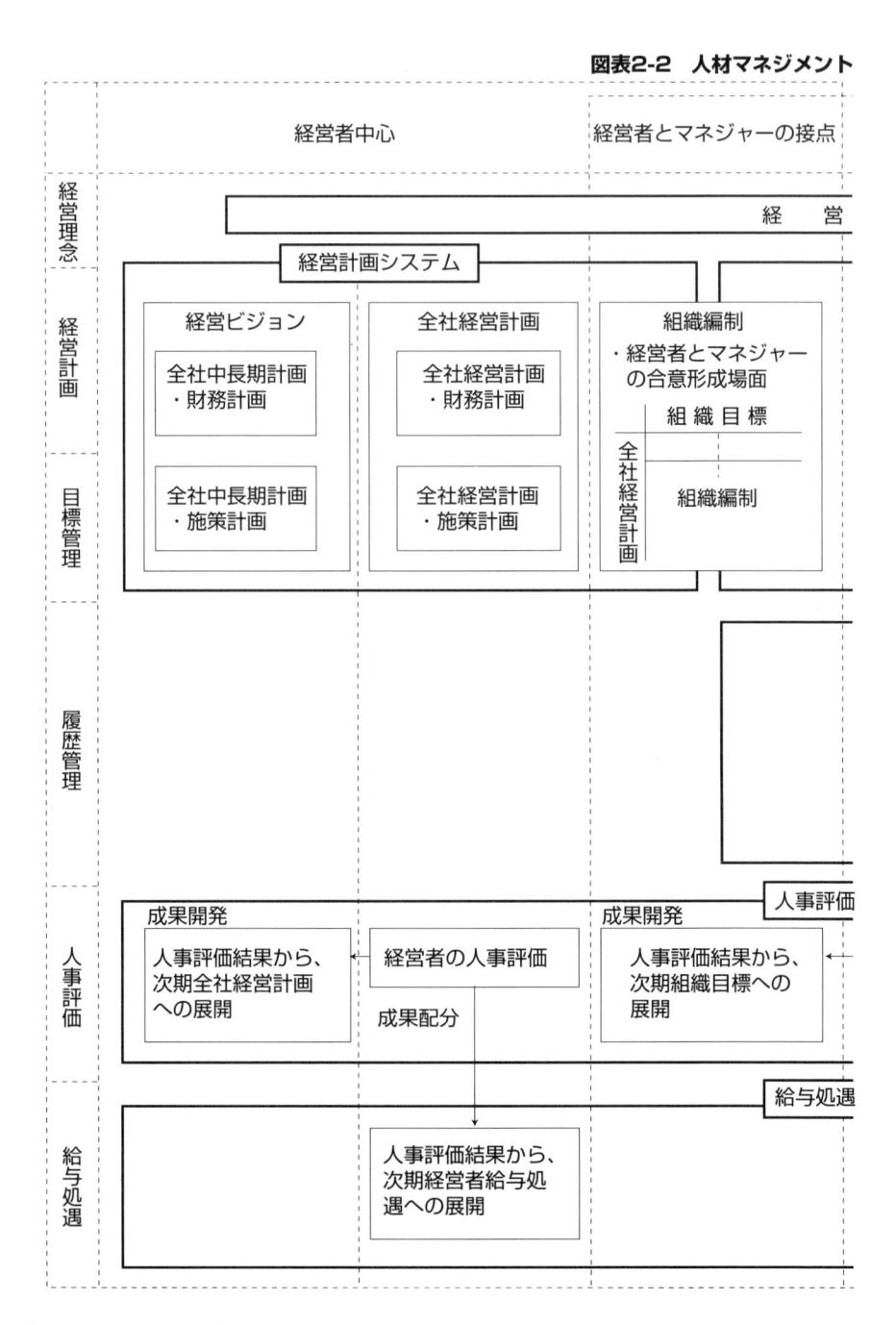

第2章 成果主義人事システムを機能させるポイント

システムの全体図

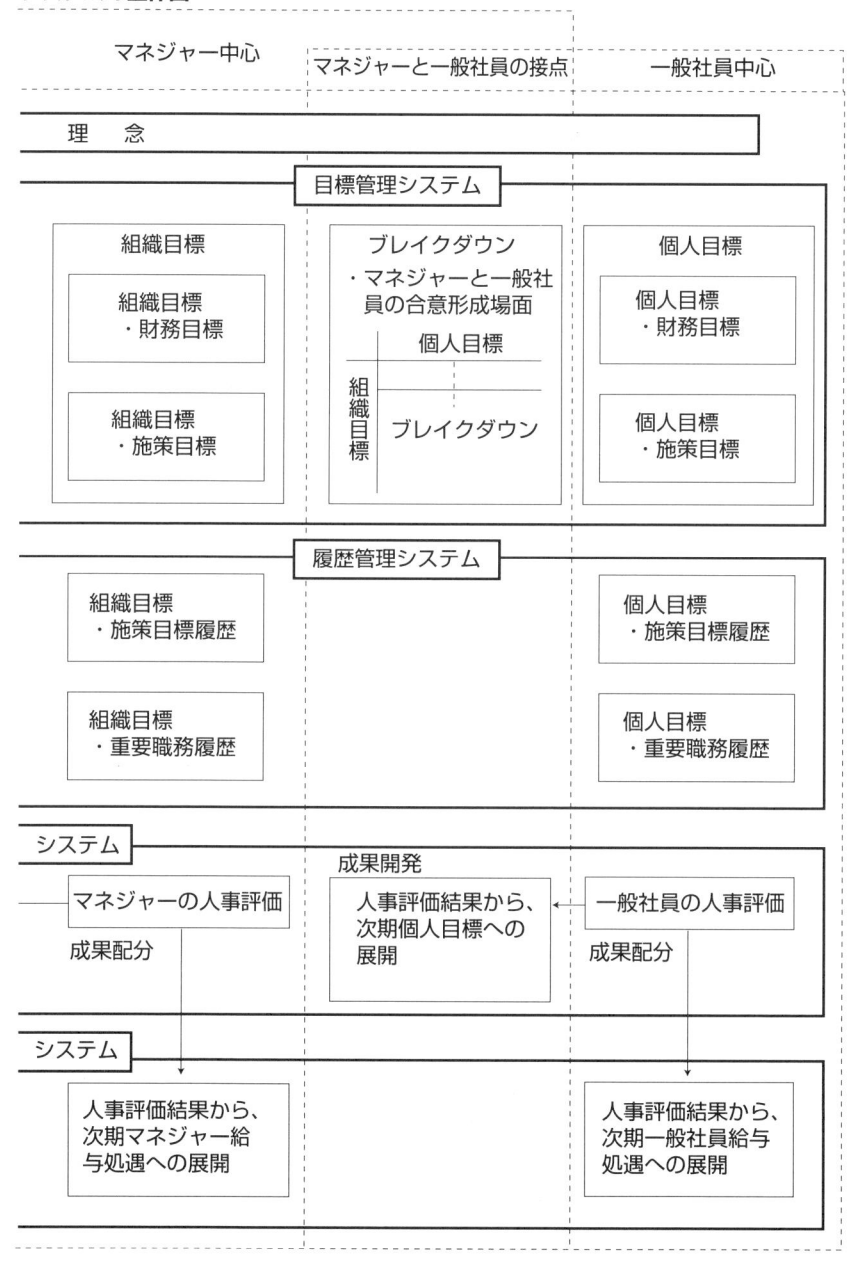

| マネジャー中心 | マネジャーと一般社員の接点 | 一般社員中心 |

理念

目標管理システム

組織目標
- 組織目標
  ・財務目標
- 組織目標
  ・施策目標

ブレイクダウン
・マネジャーと一般社員の合意形成場面

	個人目標
組織目標	ブレイクダウン

個人目標
- 個人目標
  ・財務目標
- 個人目標
  ・施策目標

履歴管理システム

組織目標
- 組織目標
  ・施策目標履歴
- 組織目標
  ・重要職務履歴

個人目標
- 個人目標
  ・施策目標履歴
- 個人目標
  ・重要職務履歴

システム

成果開発

- マネジャーの人事評価
- 人事評価結果から、次期個人目標への展開
- 一般社員の人事評価

成果配分 / 成果配分

システム

- 人事評価結果から、次期マネジャー給与処遇への展開
- 人事評価結果から、次期一般社員給与処遇への展開

17

素という側面から見た場合には、図表 2 - 1 の「①経営理念 - ②経営ビジョン - ③全社経営計画 - ④組織編制 - ⑤組織目標 - ⑥ブレイクダウン - ⑦個人目標 - ⑧人事評価 - ⑨給与処遇」という流れには普遍性があり、企業によってそれほど大きく異なるものではない。

　そこで、人材マネジメントシステムにおける 9 つの構成要素の関連を示すと図表 2-2 のようになる。
　人材マネジメントシステムは、全社員の経営価値概念を表すものとしての経営理念の基に、5 つのサブシステムによって構成されていると考えられる。経営者を主体とする経営計画システムと、マネジャーと一般社員を主体とする目標管理システム、および履歴管理システムにより、企業や社員における重要な職務の流れとしてのシステムがつくられる。ここで「履歴管理システム」とは聞きなれない言葉であると思う。その詳細は後述するが、履歴管理システムは目標管理システムを補完するものとして位置づけられるものである。
　目標管理では設定した目標の進捗確認を行うが、履歴管理システムはその目標の取り組みプロセス、目標そのものの修正、目標外の成果、目標設定時には想定できなかった重要職務活動など、組織貢献の視点から職務遂行のプラス面とマイナス面の履歴を把握する仕組みである。
　人材マネジメントシステムにおける経営計画システム、目標管理システム、および履歴管理システムは企業、組織、あるいは社員の重要な職務の流れをつかさどるシステムであり、これらのシステムの運用を通じて明確化した組織貢献の事実が人事評価システムへとつながっていく。
　成果主義人事システムでは、経営者であれば全社経営計画が、マネジャーであれば組織目標が、一般社員であれば個人目標がそれぞれの人事評価の核となる評価項目になる。一般に人事評価というと、給与処遇に結びつく面に視点が向きがちである。たしかに、評価によって給与、つまり「成果配分」が決定されるという人事評価の側面は必要である。しかし、人事評価には「成果配分」とは別の「成果開発」という、より重要な側面がある。図表 2-2 の人事評価システムの欄に「成果配分」と「成果開発」2 側面の位置づけを示したのは、このことを表すためである。

〔人事評価の2側面〕
①成果開発:人事評価を実施することによって、その評価結果から次期の計画や目標をさらに成長、充実させるための側面
②成果配分:人事評価を実施することによって、その評価結果から次期の給与処遇を決定するための側面

　前述したように、人材マネジメントシステムはどの企業でも同じような要素で構成されている。それにもかかわらず、企業の業績がそれぞれ異なるということは、人事評価結果を成果開発に向けて十分活用している、あるいはあまり活用していないという運用の巧拙の違いがあるためと考えられる。
　つまり、経営者が自らの人事評価の結果をふまえ、次期の全社経営計画を成長、充実させることが成果開発の側面である。同様に、マネジャーが自らの人事評価の結果をふまえ、次期の組織目標を成長、充実させること、一般社員が自らの人事評価の結果をふまえ、次期の個人目標を成長、充実させることが、成果開発を実施していることの証明である。
　これらのことを全役員、全社員が一丸となって実行すれば、全社が首尾一貫して成果開発を実施していることになり、その総和として、全社の業績も向上するであろう。成果開発をあまり重要視せず、実施も不十分であれば、人事評価は成果配分のためのみの仕組みになってしまう。
　このように人事評価の結果から成果開発の側面を重要視することを経営者、マネジャー、および一般社員にまで受け継いでいくことが、人材マネジメントシステムを通して、企業全体の業績向上を実現させるためのポイントである。実際に成果主義人事システムを構築する場合にも、成果開発の側面を的確に運用できるようにシステム構築する必要がある。

(3) 人材マネジメントシステムにおける人事システムの守備範囲

　図表2-3は人材マネジメントシステムにおける成果主義人事システムの守備範囲を示したものである。成果主義人事システムは、⑤組織目標、⑥ブレイクダウン、⑦個人目標、⑧人事評価、および⑨給与処遇までの5要素で構成されている。

図表2-3　人材マネジメントシステムにおける成果主義人事システムの守備範囲

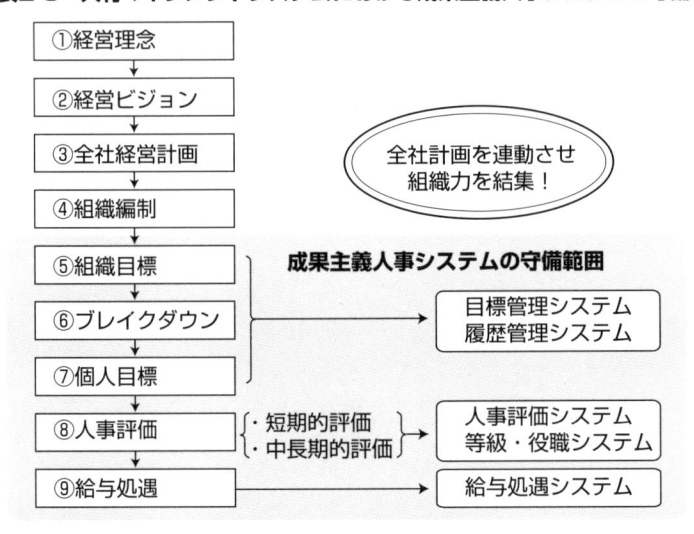

```
①経営理念
   ↓
②経営ビジョン                全社計画を連動させ
   ↓                         組織力を結集！
③全社経営計画
   ↓
④組織編制
   ↓                    成果主義人事システムの守備範囲
⑤組織目標
   ↓                    → 目標管理システム
⑥ブレイクダウン              履歴管理システム
   ↓
⑦個人目標
   ↓
⑧人事評価  ・短期的評価  → 人事評価システム
   ↓      ・中長期的評価    等級・役職システム
⑨給与処遇            →    給与処遇システム
```

成果主義人事システムを構築するためには、最低限この5つの構成要素を含める必要がある。

⑤組織目標、⑥ブレイクダウン、および⑦個人目標の3構成要素を含んだシステムが、「目標管理システム」と「履歴管理システム」である。目標管理システムを補強する履歴管理システムの目的は、次の2点である。

①目標設定段階では達成すべき基準やレベル、あるいは具体的な成果物を明確にできず、実際に取り組んで初めて顕在化した成果について、期中にその履歴を都度、管理することによって逐次その内容を明確にしていくこと。
②目標設定段階では目標とされなかった職務が期中に発生し、それを遂行した場合、その職務が特に組織や個人にとって重要なものに関して、期中にその履歴を都度、管理することによって、逐次その内容を明確にしていくこと。

上記の履歴管理システムの目的は、目標達成に向けた業務の進捗確認を実施して、適宜、目標の追加や削除、あるいは変更を実施していけば対処可能である。しかし、成果主義人事システムの実際の運用においては、目標達成に向けた業務

の進捗確認が多くの企業でなおざりにされているのが現状である。こうした現状に対応するためには、社員に対して目標達成に向けた業務の進捗確認の徹底を訴えていくことも必要ではあるが、履歴管理システムという業務の進捗確認を専門にするシステムを導入し、全社で活用して対応するほうがよほど確実であり効果的である。

次に、⑧人事評価は短期的な評価のための「人事評価システム」と中長期的な評価のための「等級システム」、および「役職システム」から構成される。昇格・降格を決定する等級システムと、役職の任用・解任を決定する役職システムの2つは、中長期的な人事評価を実施していくという同じ目的を持っているため、以降は「等級・役職システム」としてまとめて呼ぶことにする。

最後に、⑨給与処遇は人事評価の結果を成果配分機能として給与処遇に反映していく「給与処遇システム」となる。

つまり、成果主義人事システムを構築するためには、

①目標管理システム
②履歴管理システム
③人事評価システム（狭義）：短期的な評価
④等級・役職システム　　　：中長期的な評価
⑤給与処遇システム

の5つのサブシステムを構築する必要がある。これら各サブシステムのそれぞれの内容については第3章で詳述する。

(4) 自社の人材マネジメントシステムの調査・診断方法

人事システムを全面的に再構築したり、あるいは部分的に変更したりするときに、最初に実施すべきことは、自社の人材マネジメントシステムがどのような状態なのかを調査、診断することである。この場合、図表2-3の①経営理念から④組織編制までの要素は成果主義人事システムの守備範囲ではないが、人事システムに大いに関連する構成要素なので、あわせて調査、診断しておくべき内容で

ある。

　調査、診断のために企業内で収集すべき資料は、下記に例示したようなものである。これらの各資料は企業によってさまざまな名称で呼ばれているが、ここでは代表的な資料名を挙げた。

　①経営理念　　　：経営理念記述書
　②経営ビジョン　：中長期経営計画書、中長期社長所感
　③全社経営計画　：年度全社経営計画書、年度年頭社長所感
　④組織編制　　　：組織別ミッション、組織編制図
　⑤組織目標　　　：部目標記述書、部実施計画書
　　　　　　　　　　課目標記述書、課実施計画書
　⑥ブレイクダウン：目標分担表
　⑦個人目標　　　：個人目標記述書
　⑧人事評価　　　：人事評価表（月例給与（昇給）・賞与）
　　　　　　　　　　評価マニュアル
　　　　　　　　　　等級基準書、役職基準書
　　　　　　　　　　等級昇格（降格）基準、役職任用（解任）基準
　⑨給与処遇　　　：給与明細書、給与一覧表
　　　　　　　　　　給与規程

　図表2-4は人材マネジメントシステムの診断をするためのチェックリストである。実際に収集した人材マネジメントシステムに関する資料を、チェックリストにしたがって診断していくことによって、自社のシステムの問題点を抽出しながら、これから解決すべき課題を形成していく。

〔チェックの手順〕
　①チェック内容に基づいて、自社の状況を点数化して点数欄に記入する。
　　■点数のつけ方
　　しっかり実施できている→＋2点
　　実施できている　　　　→＋1点

図表2-4　人材マネジメントシステム　チェックリスト(1)

点数：＋2：しっかり実施できている　＋1：実施できている
　　　－1：不十分である　　　　　　－2：実施できていない

項目	No.	チェック内容	点数	合計
経営理念	1	全社員の経営価値概念としての、文書化された『経営理念』的なものが存在する。		／6点
	2	経営理念の内容は、全社員の経営価値概念を反映している内容である。		
	3	経営理念は全社員に周知されている。		
経営ビジョン	4	経営者の中長期の意思決定としての、文書化された『中長期経営計画』的なものが存在する。		／10点
	5	中長期経営計画の内容は『全社数値に関する中長期経営計画』に関する記述がある。		
	6	中長期経営計画の内容は『全社施策に関する中長期経営計画』に関する記述がある。		
	7	中長期経営計画は全社員に周知されている。		
	8	中長期経営計画と経営理念はリンケージされている。		
全社経営計画	9	経営者の意思決定としての、文書化された『全社単年度経営計画』が存在する。		／18点
	10	全社単年度経営計画の内容は『全社数値に関する全社単年度経営計画』に関する記述がある。		
	11	全社単年度経営計画の内容は『全社事業の開発・強化に関する全社単年度経営計画』に関する記述がある。		
	12	全社単年度経営計画の内容は『全社市場・顧客の開発・強化に関する全社単年度経営計画』に関する記述がある。		
	13	全社単年度経営計画の内容は『全社商品・サービス開発・強化に関する全社単年度経営計画』に関する記述がある。		
	14	全社単年度経営計画の内容は『全社技術開発・強化に関する全社単年度経営計画』に関する記述がある。		
	15	全社単年度経営計画の内容は『全社人材開発・強化に関する全社単年度経営計画』に関する記述がある。		
	16	全社単年度経営計画は全社員に周知されている。		
	17	全社単年度経営計画と中長期経営計画はリンケージされている。		
組織編制	18	期初に経営者から部長に対して、今期各部に期待する数値目標の内容は提示されている。（部門によってはなくても可）		／12点
	19	期初に経営者から部長に対して、今期各部に期待する施策目標の内容は提示されている。		
	20	期初に部長から課長に対して、今期各課に期待する数値目標の内容は提示されている。（部門によってはなくても可）		
	21	期初に部長から課長に対して、今期各課に期待する施策目標の内容は提示されている。		
	22	企業からの各組織に対する中長期的なミッション、期待等は全社員に周知されている。		
	23	各組織に対する中長期的なミッション、期待等と全社単年度経営計画はリンケージされている。		

図表2-4　人材マネジメントシステム　チェックリスト(2)

項目	No.	チェック内容	点数	合計
組織目標	24	『目標管理システム』、あるいは類似するシステムは導入されている。		／44点
	25	マネジャー（部長・課長）と経営者の合意の意思決定としての、文書化された『部の組織目標』、および『課の組織目標』が存在する。		
	26	組織目標の内容は『数値に関する組織目標』に関する記述がある。（部門によってはなくても可）		
	27	組織目標の内容は『施策に関する組織目標』に関する記述がある。		
	28	組織目標を記述する全社統一フォーマットが存在し、活用されている。		
	29	組織目標を具体的に記述するために、たとえば、数値化や抽象的なワードを使用禁止にするなど、全社的な方策が実施されている。		
	30	組織としての中期的な観点からの、研究・開発的な目標を必ず記述している。		
	31	組織としての短期的な観点からの、これまで研究・開発してきた内容の導入的な目標を必ず記述している。		
	32	組織としての短期的な観点からの、緊急的あるいは改善的な目標を記述している。		
	33	管理部門等、数値の目標を設定しづらい組織に対する全社的な対応方法は確立している。		
	34	期初の数値に関する目標の組織への割り振りに関しては、割り振り方法がしっかり確立できている。		
	35	期初の数値に関する目標の組織への割り振り結果に関しては、関連社員の合意は十分取れている。		
	36	期初に経営者と部長が組織目標に関する検討を実施し、内容によっては経営者から部長に対して『設定内容の差し戻し』を実施している。		
	37	期初に部長と課長が組織目標に関する検討を実施し、内容によっては、部長から課長に対して『設定内容の差し戻し』を実施している。		
	38	組織目標の進捗確認の方法やルールは十分確立できている。		
	39	期中に経営者と部長が組織目標に関する検討を実施し、進捗によっては経営者から部長に対して『達成内容の検証助言』を実施している。		
	40	期中に部長と課長が組織目標に関する検討を実施し、内容によっては、部長から課長に対して『達成内容の検証助言』を実施している。		
	41	期末に経営者と部長が組織目標に関する達成評価を実施し、経営者から部長に対して『事後評価内容のフィードバック』を実施している。		
	42	期末に部長と課長が組織目標に関する事後評価を実施し、部長から課長に対して『事後評価内容のフィードバック』を実施している。		
	43	組織目標を事後に評価するための、『達成度の評価』に関する基準が存在する。		
	44	組織目標は該当部・課に所属する社員に周知されている。		
	45	組織目標と組織編制のミッションや期待等とはリンケージされている。		

第2章　成果主義人事システムを機能させるポイント

図表2-4　人材マネジメントシステム　チェックリスト(3)

項目	No.	チェック内容	点数	合計
ブレイクダウン	46	期初に課長から課員に対して、今期各課員に期待する数値目標の内容は提示されている。（部門によってはなくても可）		
	47	期初に課長から課員に対して、今期各課員に期待する施策目標の内容は提示されている。		8点
	48	企業からの各個人に対する中長期的なミッション、期待等は各課員に周知されている。		
	49	各個人に対する中長期的なミッション、期待等と組織目標はリンケージされている。		
個人目標	50	課員と課長合意の意思決定としての、文書化された『個人目標』が存在する。		
	51	個人目標の内容は、『数値に関する個人目標』に関する記述がある。（部門によってはなくても可）		
	52	個人目標の内容は、『施策に関する個人目標』に関する記述がある。		
	53	個人目標を記述する、全社統一フォーマットが存在し、活用されている。		
	54	個人目標を具体的に記述するために、たとえば、数値化の徹底や抽象的なワードを使用禁止にするなど、全社的な方策が実施されている。		
	55	高等級格付者によっては、個人としての中期的な観点からの、研究・開発的な目標を必ず記述している。		
	56	個人としての短期的な観点からの、緊急的あるいは改善的な目標を記述している。		
	57	個人での目標を設定しづらい社員に対する全社的な対応方法は確立している。		
	58	管理部門所属の個人等、数値の目標を設定しづらい個人に対する全社的な対応方法は確立している。		38点
	59	期初の数値に関する目標の個人への割り振りに関しては、割り振り方法がしっかり確立できている。		
	60	期初の数値に関する目標の個人への割り振り結果に関しては、関連社員の合意は十分取れている。		
	61	期初に課長と課員が個人目標に関する検討を実施し、内容によっては、必ず課長から課員に対して『設定内容の差し戻し』を実施している。		
	62	期初に課長と課員が個人目標に関する事前評価を実施し、必ず、課長から課員に対して『事前評価内容のフィードバック』を実施している。		
	63	個人目標の進捗確認の方法やルールは十分確立できている。		
	64	期中に課長と課員が個人目標に関する検討を実施し、内容によっては必ず、課長から課員に対して『達成内容の検証助言』を実施している。		
	65	期末に課長と課員が個人目標に関する事後評価を実施し、必ず、課長から課員に対して『事後評価内容のフィードバック』を実施している。		
	66	個人目標を事後に評価するための、『達成度の評価』に関する基準が存在する。		
	67	個人目標は該当する社員に周知されている。		
	68	個人目標と組織目標はリンケージされている。		

図表2-4 人材マネジメントシステム チェックリスト(4)

項目	No.	チェック内容	点数	合計
人事評価	69	『人事評価システム』は導入されている。		
	70	行動観察に頼った、『イメージ評価』や『恣意的評価』といった問題はほとんどない。		
	71	評価の『部門間の甘辛』といった問題はほとんどない。		
	72	『上司による甘辛』といった問題はほとんどない、あるいは第2次評価者の段階で調整ができている。		
	73	全社レベルでの部門間調整の方法やルールは確立されている。		
	74	部門レベルでの課間調整の方法やルールは確立されている。		
	75	仕事の内容を評価する成績評価等が実施されている。		
	76	目標評価を実施し、その評価結果を人事評価に反映させている。		/38点
	77	社員の『何を評価したいか』が明確で、評価項目が重点化されており、総花的な評価項目になっていない。		
	78	社員の年々の成長を重視した『動態的評価』が実施されている。		
	79	等級と役職は分離された運用になっている。		
	80	等級基準は比較を表わすワード(例:極めて、広範囲等)は多用されておらず、期待する社員の成長像やプロセスが明確に記述されている。		
	81	等級昇格は等級基準に従って実施されており、年功的な運用にはなっていない。		
	82	役職任用基準は期待する役職者としての基準が明確に記述されている。		
	83	役職任用は経営戦略や組織戦略に従って実施されており、年功的、あるいは組織を分割するなど、無理やり役職者をつくる運用にはなっていない。		
	84	等級昇給や役職任用を実施するための中長期的な評価項目が確立されている。		
	85	人事評価結果(一次評価結果・二次評価結果・最終評価結果)は本人に対してフィードバックされている。		
	86	人事評価方法は全社員に周知されている。		
	87	人事評価結果は本人に対しての育成計画とリンケージされている。		

図表2-4 人材マネジメントシステム チェックリスト(5)

項目	No.	チェック内容	点数	合計
給与処遇	88	給与処遇は『年収ベース』の組み立て発想になっている。		/26点
	89	支払うべき月例給与と評価すべき月例給与の区分は会社のポリシーと理論的背景をもって区分されている。		
	90	支払うべき賞与と評価すべき賞与の区分は会社のポリシーと理論的背景をもって区分されている。		
	91	昇給額、あるいは給与改定額は全社業績を反映した金額になるシステムになっている。		
	92	賞与額は全社業績を反映した金額になるシステムになっている。		
	93	昇給額、あるいは給与改定額は個人成果をしっかり反映しており、格差も的確である。		
	94	賞与額は個人成果をしっかり反映しており、格差も的確である。		
	95	各種手当は『何に対して支払われるか』という目的が明確化され、その目的に準拠して支払われている。		
	96	各種手当は整理された体系になっており、複雑化していない。		
	97	各種手当は環境変化に対応するため、定期的にその支払いの是非や金額の適正が見直されている。		
	98	任用された役職に対して支払われる役職手当的な手当はラインの部長・課長である役職者にのみ支払われており『役職格手当』的にはなっていない。		
	99	退職金の算定は基本給額から切り離されている。		
	100	給与処遇方法は全社員に周知されている。		

■人材マネジメントシステムの評価

構成要素	経営理念	経営ビジョン	全社経営計画	組織編制	組織目標	ブレイクダウン	個人目標	人事評価	給与処遇	合計
点数	/6	/10	/18	/12	/44	/8	/38	/38	/26	/200

S	～ ＋150点以上
A	＋150点未満 ～ ＋ 75点以上
B	＋ 75点未満 ～ ＋ 25点以上
C	＋ 25点未満 ～ － 25点以上
D	－ 25点未満 ～ － 50点以上
E	－ 50点未満 ～

評定	

図表2-5　人材マネジメントシステム

項目名	①経営理念	②経営ビジョン	③全社経営計画	④組織編制
人材マネジメントシステム構成要素別の資料名	・ ・ ・ ・ ・ □：ない　□：不明	・ ・ ・ ・ ・ □：ない　□：不明	・ ・ ・ ・ ・ □：ない　□：不明	・ ・ ・ ・ ・ □：ない　□：不明
記述内容の問題点				
上位構成要素とのつながり状況の問題点	✕			
周知状況の問題点				
各種問題点から形成した今後の課題				

の問題点抽出・課題形成シート

⑤組織目標	⑥ブレイクダウン	⑦個人目標	⑧人事評価	⑨給与処遇
・ ・ ・ ・ ・ □：ない □：不明	・ ・ ・ ・ ・ □：ない □：不明	・ ・ ・ ・ ・ □：ない □：不明	・ ・ ・ ・ ・ □：ない □：不明	・ ・ ・ ・ ・ □：ない □：不明

不十分である　　　　　→－１点
　実施できていない　　　→－２点
　不明の場合　　　　　　→　０点

②構成要素別の合計点数を計算する。
③全構成要素の合計点数を計算する。
④全構成要素の合計点数から評定の記号を決定する。

　このチェックリストに照らし合わせた結果から、自社の人材マネジメントシステムの問題点を抽出していくときのポイントは次の４点である。

①各構成要素の資料自体が存在しているかどうか？
②資料が存在している場合、その記述内容は満足できるものかどうか？
③上位の構成要素とのリンケージ（関連性）はとれているかどうか？
　（たとえば、経営ビジョンは経営理念とのリンケージがとれているかどうか。）
④社員には構成要素の内容が周知されているかどうか？

　以上の視点から自社の人材マネジメントシステムの強みと弱みを分析して、今後取り組むべき課題と、変えるべきではない部分を、システム構築前に明確にしておくことが必要である。図表２-５の人材マネジメントシステムの問題点抽出・課題形成シートは、そのためのシートである。

第2章 成果主義人事システムを機能させるポイント

第2節 短期的評価と中長期的評価に基づく人事評価の考え方

(1) 短期的評価と中長期的評価の相違点

　成果主義人事システムを批判する代表的なもので、短期的な視点のみで評価をして、中長期的な視点で社員を見ていないというものがある。人事評価というと、どうしても1年に一度、あるいは半年に一度の月例給与額や賞与額を決定する評価をイメージしがちである。成果主義人事システムを企業に定着させていくためには、短期的な視点だけでなく、中長期的な視点から必要な人事評価項目を明確にしてシステムを構築する必要がある。

　図表2-6はこうした課題を解決して成果主義人事システムを機能させるための評価概念である。目標や重要職務に対する貢献度を、目標管理システムや履歴管理システムによって社員の月例給与額や賞与額に関連させることは必要なことである。

　ただし、中長期的な視点で社員の等級昇格や役職任用を行う場合に、短期的な評価やその積み重ねを中心に評価するのではなく、別の視点を追加していくことが必要である。ある社員を等級昇格、あるいは役職任用させることは、その社員

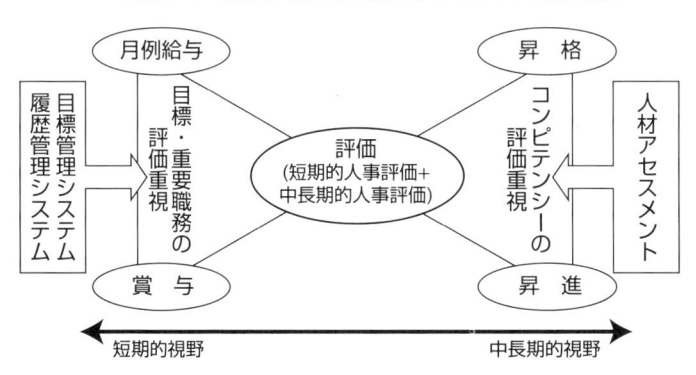

図表2-6　機能する成果主義人事システムの評価概念

に対して、今後中長期的に重要な職務や組織のマネジメントなどのさらに高度な役割を期待するという企業の意思表示である。

その結果、通常は給与処遇も大きく向上することになる。つまり、社員に対して中長期的な期待からの「投資」をしていくわけである。そのためには、人材アセスメントで実施するコンピテンシーによる評価を、中長期的な評価の中心概念としていくことを推奨する。人材アセスメントにおいてコンピテンシー評価を実施することによって、継続的に成果を出し続け、中長期にわたって組織貢献できる、投資に値する人材を科学的に見出してしていくことが必要である。

短期的評価によって支払うべきものは支払い、中長期的に組織貢献できる人材に対しては積極的に人材投資をするという評価観が重要である。

(2) 機能する成果主義人事システムに向けた短期的評価のポイント

成果主義人事システムにおける短期的な人事評価は、目標管理システムを構築、導入し、組織目標や個人目標の遂行レベルによって評価していくのが一般的な方法である。学校法人産業能率大学総合研究所が実施した上場企業や店頭公開企業を中心に調査した「日本企業の人材戦略と成果主義の行方(回答数：495社)」(2003年)の調査結果では、81.2%の企業が目標管理システムを導入している。しかし、導入企業中43.3%の企業で目標管理システムがうまく機能せず、改定検討中という結果が出ている。ただし、廃止を検討中という企業はない。つまり、8割以上の企業が目標管理システムを導入はしたものの、半数近くの企業がその運用に苦慮しているということである。ただし、中止してしまうのではなく継続して活用していきたいというのが、現状の企業と目標管理システムの関係であるといえる。

では、目標管理システムにはどのような問題点があるのだろうか。その問題点を明確にするために、筆者たちのグループでは評価者や被評価者に対する目標設定研修や人事評価研修の場を活用して、調査・分析を実施している。研修の目的は、標準的には次の4点である。

①人事システムの基礎知識の習得

②人事システムの合理性の向上
③目標設定力とメンバーの目標設定リード力を高めるための知識・スキルの修得
④目標評価力とメンバーの目標達成のフォロー力を高めるための知識・スキルの修得

　上記の目的の１つである「②人事システムの合理性の向上」に関する部分で、自社の目標設定や評価に関する問題点やその発生原因、およびその対応策を研修参加者に抽出してもらっている。

　その方法は研修参加者全員に事前学習として、自社の目標設定や目標評価の問題点、発生原因、および対応策を抽出してきてもらい、その後、実際の研修場面において、4人程度のグループで特に重要と考えられる問題点、発生原因をグループとして何点か挙げさせ、最終的にはそれらの問題点に関しての対応策を立案させるというものである。各社、各グループから指摘される問題にはその企業独自のものもあれば、どの企業にも見られる普遍的な問題もある。図表2-7はその中の上位5項目までを示している。

図表2-7　マネジャーが指摘した目標設定、目標評価の問題の上位5項目

順　位	問題の内容
1　位	目標進捗や目標の修正ができていない。
2　位	管理部門等の目標の数値化が困難な場合が多い。
3　位	目標以外の重要な職務が評価されていない。
4　位	売上等の数値指標を割り振る基準が確立されていない。
5　位	目標の達成、未達成の原因追求ができていない。

　図表2-7に浮かびあがった問題を、その発生段階で分類すると次の内容に集約できる。

■目標設定段階　　問題1：管理部門などでは目標の数値化が困難な場合が多い。
　　　　　　　　　問題2：売上などの数値指標を割り振る基準が確立されていない。
■目標進捗段階　　問題3：目標の進捗確認や目標の修正ができていない。
　　　　　　　　　問題4：目標の達成、未達成の原因追求ができていない。

■目標評価段階　問題5：目標以外の重要な職務が評価されていない。

　これらの問題を見ていくと、目標設定者やその上司の日頃の目標に対する取り組み姿勢の問題としてとらえることができるので、さらなる運用レベルの向上を求めることも必要である。一方、研修参加者が実際に指摘した問題は、内容別に分類すると約100項目となったが、そのうち図表2-7の上位5項目の問題を挙げた割合は約25％である。このことは、この上位5項目は、多くの企業で普遍的に存在している問題と考えることができる。つまり、目標に対する取り組み姿勢の問題というよりも、目標管理システム自体が持っている問題としてとらえることが必要である。

　研修において調査・分析を行ったすべての企業が目標評価を人事評価に結びつけており、これらの目標管理システムが抱える問題は、人事評価にも影響することになる。そこで、これらの普遍的に指摘される問題を排除するために、システム自体に働きかける対応策を考えてみよう。

問　題1：管理部門などでは目標の数値化が困難な場合が多い。
対応策1：数値化が適さない部門については、数値目標を強要しない。

問　題2：売上などの数値指標を割り振る基準が確立されていない。
対応策2：数値の割り振り方法が明確でない場合には、社内プロジェクトなどでその割り振り方法を確立し、周知し、メンバーに納得してもらう。

問　題3：目標の進捗確認や目標の修正ができていない。
対応策3：取り組む過程で徐々に成果物や成果内容が具体化するような目標に関しては、目標管理システムのみで運用するのではなく、目標管理システムを補完する履歴管理システムを導入し、運用していく。

問　題4：目標の達成、未達成の原因追求ができていない。
対応策4：財務数値などの目標（以下、財務目標と呼ぶ）のような結果としての目標のみに偏重するのではなく、その結果を出すための施策を重視した人事評価とする。財務目標を達成するための施策としての目

標 (以下、施策目標と呼ぶ) を追跡していくために、目標管理システムを補完する履歴管理システムを導入し、運用していく。

> 財務目標：財務諸表の勘定科目数値、経営分析数値、生産性関連数値に限定した目標
> 施策目標：財務目標を達成するための施策としての目標

問　題5：目標以外の重要な職務が評価されていない。
対応策5：期初の段階では想定できなかった緊急的職務や、経営環境の変化に対応せざるを得ない重要職務に関しては、その内容を的確に追跡、評価していくために、目標管理システムを補完する履歴管理システムを導入し、運用していく。

売上高や利益といった企業や組織にとって重要な財務目標に関しては、月例会議や職場の打合せでその目標数値の進捗確認がしっかり実施できている場合がほとんどである。財務目標を設定する際のポイントは、事前合意のための割り振り方法をどこまで確立し、関係社員に周知し、納得を得ているかという点にある。

しかし、財務目標を達成するための施策目標に対する進捗確認や、期中に発生した重要職務を目標として追加し、評価に入れるかどうかといった進捗確認は、財務目標に比較してなおざりになっているケースが多々見受けられる。そのような状態を放置しないためにも、履歴管理システムを導入する必要がある。そのことによって、継続的に職務履歴の追跡を行うことができ、貢献度の把握を正確に行うことが可能となる。

管理部門などでの数値化した目標が適さない部門にもかかわらず数値の目標設定を強要されたり、期初に不明確なまま無理やり施策目標を設定させられ、その進捗確認も不十分なままに評価されたり、あるいは、せっかく苦労して実施した重要職務が、期初に目標設定されていないという理由で評価されなかったりすることに対する社員の不満には強いものがある。しかも、そのような施策目標や、期中に緊急発生した重要職務に限って、企業や組織に対する貢献度が高かったり、社員自身の成長を促進したりするケースが多いことも見逃せない事実である。

図表2-8 目標管理の普遍的問題と対応策

| 社内プロジェクト等で割り振り方法を確立し、周知し、メンバーに納得してもらう。財務目標の設定を義務付けない。 | 財務目標
[普遍的問題]
期初の割り振りの基準や根拠が確立されていない。 | 施策目標・重要職務
[普遍的問題]
一般的に進捗確認が不十分であり、目標の進展や重要職務の存在確認がしっかり実施されていない。 | 履歴管理システムの導入により、施策目標の進捗確認と重要職務の存在確認を徹底する。 |

普遍的な目標管理システムの問題点につながる。

- ■目標設定段階　問題1：管理部門等の目標の数値化が困難な場合が多い。
  　　　　　　　　問題2：売上等の数値指標の割り振る基準が確立されていない。
- ■目標進捗段階　問題3：目標進捗や目標の修正ができていない。
  　　　　　　　　問題4：目標の達成、未達成の原因追求ができていない。
- ■目標評価段階　問題5：目標以外の重要な職務が評価されていない。

　図表2-8では、これまで述べてきた目標管理の普遍的な問題と、その解決策の方向性の全体図を示したものである。

（3）機能する成果主義人事システムに向けた中長期的評価のポイント

　成果主義人事システムを機能させる第1の重要ポイントは、前述したように、短期的な人事評価に必要な評価項目と、中長期的な人事評価に必要な評価項目とを明確にしてシステムを構築することである。成果主義人事システムの中長期的な評価は、コンピテンシーを評価の核にして、人材アセスメントツールを駆使して評価を実施していくことである。

　人材アセスメントで、企業内部の者同士で評価し合うケースの代表的なツールとしては、多面観察評価が挙げられる。多面観察評価とは、評価される社員の上司、同僚、部下の全方位、つまり360度から行動を評価することであり、社内

360度評価とも呼ばれる。

　一方、企業外部の者が実施する代表的な人材アセスメントとしては、アセスメントセンター方式（下記参照）が挙げられる。アセスメントセンター方式は、さまざまな演習テーマの課題、行動観察、面接などの複数のアセスメントツールを通じて、アセッサーと呼ばれる評価者が被験者を評価していく。評価者としてのアセッサーは、企業内部の社員でも実施は可能であるが、より客観性を高めるためには、被験者と面識のない企業外部の評価者が実施するほうが適している。

〔アセスメントセンター方式とは〕
　米国において開発された人材アセスメント手法の１つである。研修施設のような場所で、集合研修スタイルで実施される。さまざまな演習テーマの課題、行動観察、面接など複数のアセスメントツールを通じて集積された被験者の行動、言動、態度などのデータを評価の対象として、主に人材の能力や資質、スキルを多面的、客観的に評価する技法である。通常２泊３日から１泊２日という期間で運営される場合が多い。主としてマネジャー選抜のための評価に用いられるが、最近では一般社員層からの優秀者や、近い将来に経営的課題を担える人材を早期に見極めるために活用するケースも増えている。

　多面観察評価やアセスメントセンター方式に関しては、第５章の「中長期的な人材成長概念を組み込んだ人材アセスメント」の中で詳述する。

第3節　目標管理と履歴管理に基づく貢献度評価の考え方

(1) 目標管理と履歴管理の相違点と目標の種類

　前節において、財務目標に関しては割り振り方法の確立と、メンバーに対する割り振り方法の周知や納得性を高める重要性を述べた。また、施策目標や目標以外の重要職務に関しては、それらを履歴管理することによって、普遍的な目標管理システムの問題点を解決していけることを提示した。では、ここでいう目標管理と履歴管理には、それぞれどのような特徴や相違点があるかを見ていこう。

　目標管理では、数値化できる目標の内容と水準を期初に設定し、期中の会議などで目標進捗状況を確認することによりその実績を確認し、最終的にはその達成度で評価が行われる。

　一方、履歴管理では期初に実施すべき施策目標を最低限、課題レベルで決定しておく。この課題とは、取り組む必要があると考えられる活動テーマである。目標として具体化すべき、その前段階の問題意識として認識している状態と位置づけられる。図表2-9はこの課題と目標の関係を示している。履歴管理を行うことによって、課題のレベルから5W1H的な要素を逐次決定していく。課題の成果目標と達成日、現状の問題点、成果目標を遂行するための行動目標とスケジュール、アウトプットと要件、担当、横連携する部署などを逐次決定していくことが履歴管理の重要機能である。

　当然のことではあるが、期初に課題以外の要素がすでに決定している場合には、

図表2-9　目標と課題の関係

課題	成果目標	達成日	現状の問題点	行動目標	スケジュール	アウトプットと要件	担当	横連携する部署
目標とするテーマ	何をどのような状態にする	いつまで	達成目標を達成する上でこのような問題点がある	これらのハードルを越えることによって達成する	いつまで	定性目標の達成を証明する検証物とその要件	誰が責任を持って	どこと

その内容を明示しておく。つまり、期初の段階で無理やり何もかも決定しておくのではなく、どこまで決定しているのかを明確にしておくことがポイントである。また、期初に実施すべき課題としては設定されていないが、緊急的に発生した重要職務や環境変化によって発生した重要職務に関しても、履歴管理によって逐次明確にしていく。

　履歴管理は、従来、実施されてきた目標設定時にその内容をすべて決定していく方法よりも一見後退しているように見えるかもしれない。しかし、実務的には上司と部下との合意レベルの強さや、進捗確認レベルの向上を高めることになる。さらに月次会議などの場面が財務数値の報告のみに偏ることもなく、その財務数値を達成するための施策目標や重要職務に関する話し合いの割合を強制的に高めることにもなる。また、副次的な効果として、他メンバーの優良な施策目標や重要職務の存在や内容を確認し合う場面としても活用できる。

　図表2-10は、目標管理システムと履歴管理システムで運用していく目標や重

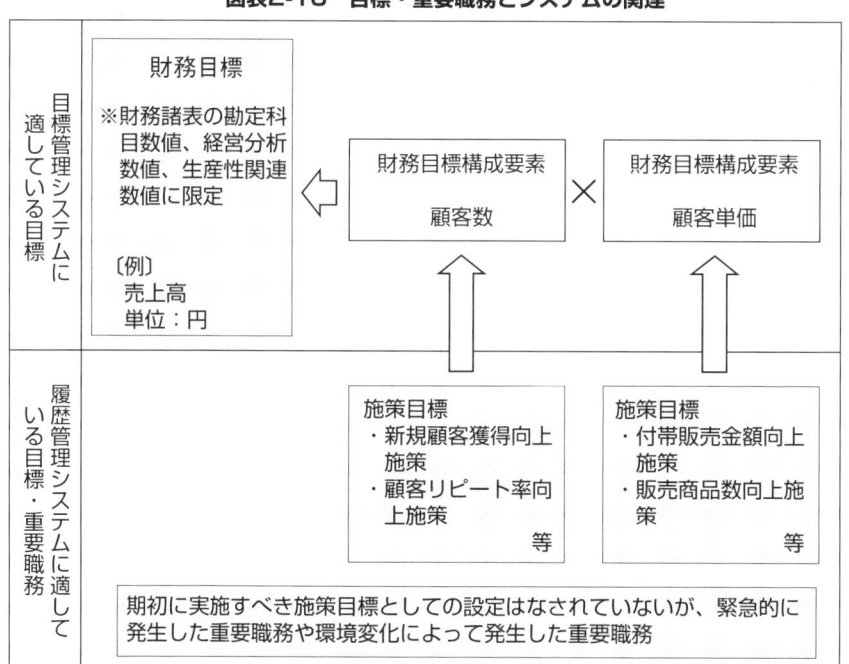

図表2-10　目標・重要職務とシステムの関連

目標管理システムに適している目標	**財務目標** ※財務諸表の勘定科目数値、経営分析数値、生産性関連数値に限定 〔例〕 売上高 単位：円	財務目標構成要素 顧客数	×　財務目標構成要素 顧客単価
履歴管理システムに適している目標・重要職務		施策目標 ・新規顧客獲得向上施策 ・顧客リピート率向上施策 　　　　　　　　等	施策目標 ・付帯販売金額向上施策 ・販売商品数向上施策 　　　　　　　　等
	期初に実施すべき施策目標としての設定はなされていないが、緊急的に発生した重要職務や環境変化によって発生した重要職務		

要職務を分類したものである。

（2）機能する成果主義人事システムの目標管理のポイント

　財務目標を対象にした目標管理システムを機能させていくための実務上のポイントは、目標数値の割り振り方法の確立とその周知徹底、およびそれをメンバーに納得してもらうことと、難易度のような事前の評価は実施しないという点にある。難易度を評価要素に取り入れている企業の例では、営業部門の売上高目標の割り振りがいつも高めであった。そのため目標値の100％達成は困難になるので、営業部員の難易度を最初から高めにするというケースがよく見受けられた。

　このようなケースは、財務目標の割り振り方法の確立が十分にできていないことを示しているにすぎない。数値に関する割り振り方法が確立されており、その方法を関係社員に周知でき、実際の割り振りが上司と部下の両者において合意の上で実施されていれば、難易度という事前評価概念は不要になる。逆にいえば、難易度評価の存在がその企業の数値の割り振り方法の確立を妨げているとも考えられる。

　財務目標として設定できる数値指標にはさまざまなものがあるが、総花的に設定すると各目標への関心がうすれてしまう恐れがある。また、財務目標の数値に関しては、本部や部門単位でいったん決定したら、大きな環境変化がないかぎり頻繁に変えるべき性格のものではない。

　また、個人ごとに財務目標を設定することがあまり適切でない組織や、コミュニケーションを重視したいという場合には、財務目標を複数のメンバーで達成するものにしていく方法をとるのもよい。たとえば、工場での「Ａラインの生産性〇〇％達成」という類の目標である。このような目標のことを「協働目標」と呼ぶことにする。その場合、一般的には、関係する社員すべてが同じ財務目標の内容にすべきである。協働目標はその達成のために関係する社員が一丸となって取り組めるような財務目標を設定すべきである。

　財務目標の設定が不適切な場合は、無理やり設定することは避けるべきである。設定が不適切なケースとは、目標の内容と実際の職務の内容との相関関係が低い

場合である。そのようなケースで財務目標を設定しても、それは他力本願の目標になってしまうであろう。

（3）機能する成果主義人事システムの履歴管理のポイント

　履歴管理は、施策目標や、期初には想定できずに期中で発生した重要職務を管理する。ところが、これらの施策目標や重要職務の遂行いかんによっては、財務目標に影響を与えることがある。また、これらの施策目標や重要職務の遂行こそが、真に社員の成長を促進したり、職務遂行における自己実現を実感できたりするものである。したがって、これらの施策目標や重要職務をいい加減に管理すると、企業業績、ひいては社員の成長や自己実現という非常に重要な側面に悪影響を及ぼすことになる。成果主義人事システムを機能させるためには、履歴管理システムの導入や運用を重要視する必要がある。

　履歴管理システムのねらいは下記の5点である。

①期初に達成基準や具体的な成果物などが明確にできない目標に関して、課題レベルで設定し、進捗確認によって目標に展開していくこと。
②上司と部下の合意により進捗確認を繰り返し実施することによって、中長期的な人材育成と、職務の成長を通しての動機づけを促進すること。
③期初には想定していなかったが、緊急性や重要性の高い職務で、本人にとっても重要職務の場合には、その職務を履歴管理で進捗確認し、必要に応じて人事評価につなげる。マイナスの要素のことがらについても明確にしていき、必要に応じて人事評価につなげること。
④履歴管理を実施することによって、「優良な施策」の具体事例がより明確になる。それを内部的に水平展開し、全社や部門のナレッジ（知識）を高めること。
⑤優良な施策の具体事例を分析することによって、中長期的な評価に関連する等級基準やコンピテンシーを見直すこと。

　ご存知のように、日本経済新聞朝刊の最後のページには"私の履歴書"という記事が毎日掲載されている。この欄は各界の著名人が筆者になり、子供の頃から現在までの各時代の主だった履歴が時系列的に書かれている。そこに書かれてい

るそれぞれの履歴によって、その人物は啓発を受けたり実力をつけ、その蓄積の結果として現在がある。

　企業における人事システムも、毎期の社員それぞれの履歴を明確にすることが重要である。そのことによって、社員の中長期的な成長や、職務を通しての動機づけが高められていく。たしかに、売上を上げたり、生産性を上げたりすることは重要なことではあるが、それらは何らかの施策を実施した上での、結果としての指標を表しているに過ぎない。結果も重要ではあるが、それだけでは「できたか、できなかったか」の判断しかできない。成果主義人事システムの「成果」とは、

「なにをやって」

「できたのか、できなかったのか」

の両方が必要である。

　成果主義人事システムは結果のみが成果であると思い込んでいるのは、成果主義の意味づけがわかっていないか、成果主義を短期的な人件費の帳尻を合わせるツール程度にしか考えていないからであろう。

　成果主義人事システムを機能させる重要ポイントは、履歴管理システムの充実にある。

第3章

機能する成果主義人事システム構築のポイント

第1節　等級・役職システム構築のポイント

（1）中長期的な評価としての等級システムのねらい

　人事評価は短期的な評価と中長期的な評価に大別できるが、ここでは中長期的な評価について考えていく。中長期的な評価は等級と役職の評価に代表される。
　等級が果たす役割は、

①企業が期待する社員像の提示
②重要職務のレベルの提示
③給与処遇の大枠の基準

などが考えられる。①企業が期待する社員像の提示や、②重要職務のレベルの提示を明確にしていくためには、等級ごとの基準が必要となる。その等級基準ごとに、③の等級別の給与処遇の枠組みを決定していく。等級基準を作成するためには、社員が入社して退職するまでの企業として期待する成長プロセスをデザインし、それに基づいて区分する必要がある。
　中長期的な評価の中核である等級基準を構築する場合には、「組織貢献」をキーワードにして構築していくことを提唱する。図表3-1は等級別組織貢献の対象と組織貢献の内容である。ただし、これは正式な等級基準を作成するための準備段階のものである。組織貢献の対象とその内容を明確にすることによって、等級をいくつに区分するかを決めることが可能になる。等級を細かく区切って数を増やせば、等級別の相違点が不明確になりやすい。相違点が不明確になると昇格審査において判断がしにくくなり、年功序列的な運用に陥ってしまう恐れがでる。これまで企業の実務でよく見られたケースである。逆に、等級の区分が少なすぎると昇格による動機づけが活用しにくくなる。図表3-1では、等級はＧ１～Ｇ７（Ｇはグレード）の７区分としている。７区分の内訳は、組織貢献の対象を、①企業全体、②組織全体、③特定分野、④担当業務の４グループとし、さらにその中を

必要に応じて区分している。

① 企業全体に対する貢献に関しては、リーダーを取締役とし、G7を現在および将来の企業全体の発展に対する貢献者とし、G6を特に、将来の企業全体の発展に対する貢献者としている。
② 組織全体に対する貢献に関しては、リーダーをG5とし、G4を特に、これから将来の組織全体の発展に対する貢献者としている。
③ 特定分野に対する貢献に関しては、リーダーをG3とし、G2をメンバーとしての貢献者としている。
④ 担当業務に対する貢献に関しては、G1がその遂行や修得による貢献者としている。

等級基準は組織貢献の対象とその内容によって区分した等級ごとに定義を作成する。多くの企業において等級基準が抽象的だという指摘がなされるが、等級基

図表3-1　等級別組織貢献の対象と内容

組織貢献の対象	組織貢献の内容
企業全体の発展に貢献	（取締役）：企業全体の発展にリーダーとして貢献する存在 G7：現在、および将来の企業全体の発展に貢献する存在 G6：特に将来の企業全体の発展に貢献する存在
組織全体の発展に貢献	G5：現在、および将来の組織全体の発展にリーダーとして貢献する存在 G4：特に将来の組織全体の発展に貢献する存在
特定分野の発展に貢献	G3：組織の特定分野の発展にリーダーとして貢献する存在 G2：組織の特定分野の発展にメンバーとして貢献する存在 　：大学院卒業相当の学業業績を有し、担当予定の業務を修得する存在
担当業務の発展に貢献	G1A：過去、および現在において問題なく担当業務を遂行する存在 　　：大学卒業相当の学業業績を有し、担当予定の業務を修得する存在 G1B：過去、および現在において問題なく担当業務を遂行する存在 　　：短大・専門学校卒業相当の学業業績を有し、担当予定の業務を修得する存在 G1C：現在において問題なく担当業務を遂行する存在 　　：高校卒業程度の学業業績を有し、担当予定の業務を修得する存在

準は複数の社員を総括して記述しようとするものであり、ある程度抽象的になることはやむを得ないことである。ただし、その定義においては、副詞や形容詞をなるべく使用しないよう心がけるべきである。たとえば、下記の等級定義はある企業のものからの抜粋であるが、「…」の部分はすべて同じことが記述されていた。

等級	等級定義（抜粋）
5等級	極めて幅広い経営知識を有し、…
4等級	大変幅広い経営知識を有し、…
3等級	幅広い経営知識を有し、…

このように「極めて」「幅広い」といった副詞や形容詞を多用した等級定義では、期待するレベルがあいまいになり、等級ごとの社員像を明確に提示することは困難である。図表3-2は、貢献の対象とその内容で区分した等級基準の最上位の等級であるG7の定義に関する事例である。ここで重要な部分は、上段に記述されている「G7の社員像」の部分である。たとえば、G6からG7に昇格させるかどうかは、昇格審査によって検討されていく。その場合、最終的には評価者のベクトルを合わせたG7の社員像と被評価者本人との比較によって決定されるべきである。そのためには、等級基準において、等級ごとの社員像を具体的に提示しておくことが必要である。それ以外の定義の内容は、社員自身が直接組織貢献する内容と、技術、知識、ノウハウなどを他者に展開することによって組織貢献する人材育成と他部門・他者協力に関しての定義である。

（2）昇格・降格審査の必要条件と十分条件

等級基準を確立できると、その基準にふさわしい人材を格付けしていくことになる。その審査方法は中長期的視点に基づいて実施されなくてはならない。

昇格審査の方法は、昇格候補者選出のための必要条件と、その候補者が実際に審査を受けるに値する十分条件とに分けて実施する。48ページの図表3-3は候補者選出の必要条件と昇格審査の十分条件に区分して実際に実施している事例である。

図表3-2　等級基準の定義

等級	等級基準の定義
現在、および将来に向けての企業全体の発展貢献段階	【G7の社員像】 過去の中期経営計画の核となるプロジェクトをリードし現在の成功を導き、なおかつ、現在の中期経営計画の核となるプロジェクトをリードし、将来に向けての新規事業、または新規システムを構築し、現在、および将来の企業全体の発展に貢献している事実がある。
	■貢献の内容：現在、および将来に向けての企業全体の発展貢献職務 関連部門と連携し、過去の中期経営計画の核となるプロジェクトをリードし、現在の企業を存続させる事業展開を成功に導き、なおかつ、現在の中期経営計画の核となるプロジェクトをリードし、将来の企業を存続させる新規事業の開発・導入や、既存事業の発展を実施し、全社の市場・顧客、商品・サービス、技術・知識・ノウハウ、あるいは人材といった事業基盤の構成要素全般の整備にチャレンジしている事実がある。
	■人材育成レベル：G6・G7の人材育成 後進が、中期経営計画の核となるプロジェクトをリードし、新規事業、または新規システムの展開を構築し、企業全体の発展に貢献できるよう指導・育成できる。 後進が、中期経営計画の核となるプロジェクトをリードし、新規事業、または新規システムの展開を構築し、継続的に企業全体の発展に貢献できるよう指導・育成できる。
	■他部門・他者協力レベル：全社レベルの現在・将来のノウハウ提供による全社レベルの協力 全社レベルでの現在、および将来に向けての新規事業、または新規システムの構築により、そのノウハウを全社に提供することができる。

〔昇格候補者選出の3条件（必要条件）〕

①過去2年間の人事評価の審査

　過去2年間の職務活動を中心に見て、現在の格付け等級における組織貢献が果たせていること。

②一次評価者推薦

　①の条件に基づいて、上司からの上位等級格付けに対する推薦があること。

③特別要件

　昇格する等級によっては、職種にとって必要な外部資格などを決定しておき、

図表3-3　昇格の必要条件と十分条件の事例

等級		候補者選出(必要条件)			昇格審査(十分条件)				
		過去2年間の人事評価の審査	一次評価者推薦	特別要件	アセスメントセンター方式	多面観察評価	面接評定	昇格等級別コンピテンシー評価	将来に向けての企画論文の審査
G7		○	○	—	—	—	○	—	○
G6		○	○	—	—	—	○	—	○
G5		○	○	—	○	○	○	○	○
G4		○	○	—	○	○	○	○	○
G3		○	○	—	○	○	○	○	—
G2		○	○	○	—	—	○	○	—
G1	A	○	○	—	—	—	○	○	—
	B	○	○	—	—	—	○	○	—
	C	○	○	—	—	—	○	—	—

※ ○：実施する　——：実施しない

　その資格を取得した人材は①、②の条件を満たさなくても候補者になれる要件。飛び級による昇格も可能。

　候補者選出（必要条件）は中長期的な視点に基づく評価であり、短期的な評価とは区分して実施すべきものである。ただし、中長期的に成果を出し続ける実力を培うためには、短期的な目標や重要職務を遂行するプロセスにその源泉がある。したがって、過去の人事評価結果に基づいて、特にどのような職務を遂行してきたかの審査は必要である。中長期的な評価は人材に対する中長期的な投資を意味する。その場合に、過去の職務の出来映えを考慮することは当然のことである。図表3-3の事例は、過去2年間の人事評価結果ということになっている。これは、原則として最低2年間は格付けされた等級での職務遂行を観察することを意味する。このような期間は年功序列的であり不要であるという意見もあるが、いったん

ん昇格させた場合には、簡単に降格させるべきではない。中長期的に人材に投資するという観点からも、職務の観察期間は必要である。観察期間が２年間であっても、たとえば、大学卒業後22歳で入社してＧ１Ａに格付けされ、以後２年ごとに昇格していくとすれば、最短34歳で最上位等級のＧ７に格付けされることも可能である。

③の特別要件は、不当に低い格付けになっている者に対して、期間や現時点の格付け等級に関係なく実力に応じた等級に飛び級で昇格させたいというニーズに対応するためのものである。図表３-３の事例の企業では、Ｇ２からＧ３に昇格する特別要件として職種にとって必要な外部資格を決定し、その資格取得にチャレンジすることにより観察期間や上司推薦の条件を満たさなくても昇格候補者になれる特別処置をとっている。この場合の特別要件としては外部資格取得の他に、社内試験あるいは特定プロジェクトの企画提案などが挙げられる。

昇格審査（十分条件）は、企業に対して成果を通して継続的に組織貢献できるかどうかがポイントである。また、管理職相当の等級への昇格には、一定範囲の組織をまとめて運営していくという適性を評価することが必要である。たとえ部長や課長といったマネジャーではなくても、専門分野のプロジェクト・リーダーとして活動する機会はよくあることである。したがって、管理職相当以上の昇格審査では、

①継続的に企業に対して成果を通して組織貢献できる
②継続的に組織を運営していくことができる

という２点を重視して評価することが必要である。

昇格審査は人材アセスメントをツールとしたコンピテンシー評価を中心に実施する。それ以外では、将来に向けての企画論文の審査が考えられる。図表３-４は論文のテーマとその審査の着眼点をまとめたものである。論文審査に対する批判に「文章の上手い下手によって決定されてしまう」というものがある。この問題を解決するためには、審査の着眼点を明確にしておくことと、その論文の内容

を昇格審査時のみのものとせず、論文の内容が実際にどのように推移していったかを追跡調査していくことが必要である。

等級基準を確立し、その基準にふさわしい人材を格付けし、その等級基準相当、あるいはそれ以上の実力を発揮できるような人材育成ができていれば降格審査は必要ない。しかし、昇格審査の段階で十分に審査されずに昇格してしまったり、

図表3-4　論文のテーマと審査の着眼点

等級	論文のテーマ	審査の着眼点
G7 ↑ G6	G6における特筆すべき全社貢献したプロジェクト内容、あるいは現在計画中のプロジェクト内容を記述する。 その上で中期的観点から企業貢献しうるために、次年度から着手しようとしている新機軸を打ち出した事業開発、またはシステム開発について論述する。	①企業全体の発展貢献につながる内容であるか。 ②新しい発想を創造している内容か。 ③新しい発想のレベルはどうか。 ④評論ではなく具体的方法が提案されているか。 ⑤論理的でわかりやすくまとまっているか。
G6 ↑ G5	G5における特筆すべき組織貢献したプロジェクト内容、あるいは現在計画中のプロジェクト内容を記述する。 その上で中期的観点から企業貢献しうるために、次年度から計画しようとしている新機軸を打ち出した事業開発、またはシステム開発について論述する。	①企業全体の発展貢献につながる内容であるか。 ②新しい発想を創造している内容か。 ③新しい発想のレベルはどうか。 ④評論ではなく具体的方法が提案されているか。 ⑤論理的でわかりやすくまとまっているか。
G5 ↑ G4	G4における特筆すべき組織貢献したプロジェクト内容、あるいは現在計画中のプロジェクト内容を記述する。 その上で中期的観点から組織貢献しうるために、次年度から着手しようとしている職務上の課題について、その設定の目的、達成のための方法、達成イメージを論述する。	①組織全体の発展貢献につながる内容であるか。 ②新規性のレベルはどうか。 ③実現可能性のレベルはどうか。 ④評論ではなく具体的方法が提案されているか。 ⑤論理的でわかりやすくまとまっているか。
G4 ↑ G3	G3における特筆すべき特定分野貢献したプロジェクト内容、およびリーダーとして発揮したリーダーシップ内容を記述する。 その上で中期的観点から組織貢献しうるために、次年度から着手しようとしている職務上の課題について、その設定の目的、達成のための方法、達成イメージを論述する。	①組織全体の発展貢献につながる内容であるか。 ②新規性のレベルはどうか。 ③実現可能性のレベルはどうか。 ④評論ではなく具体的方法が提案されているか。 ⑤論理的でわかりやすくまとまっているか。

時が経つにつれて次第に等級基準と本人の職務の実態にギャップが生じたりして降格を検討せざるを得ないケースも実際にはあり得る。降格の場合も昇格の場合と同様、候補者選出と降格審査の2段階で実施する。

①降格候補者選出

月例給与改定や年俸額改定の評価において、たとえば5段階評価のS・A・B・C・Dで中央のB評価をとれず、C評価やD評価が2年以上続いた場合には、降格候補者としてリストアップする。ただし、この場合は降格候補者の選出のためというよりも、本人の今後の職務遂行をいかに停滞させないようにするかのための要チェック場面と位置づけてリストアップする必要がある。

②降格審査

候補者選出後は、昇格審査のときと同様に、中長期的な視点で現在の格付け等級基準相当の組織貢献が今後果たせるかどうかを検討していく。そのときに検討すべき内容は、現等級に昇格を承認したときの評価結果、あるいは昇格時の企画論文があればその記述内容を再度確認して、現時点でどの部分にギャップが生じているかを明確にすることが重要である。もし、そのギャップが将来にわたっても埋めることが不可能と判断する場合には降格させざるを得ない。その場合には、昇格時点での評価のあり方、あるいは昇格後の目標の割り振りや人材育成のあり方、あるいは本人の職務への取り組み姿勢など、どこに不具合があったのかを明確にし、反省することが必要である。

（3）中長期的な評価としての役職システムのねらい

成果主義人事システムにおけるマネジャーの重要な役割は、次のとおりである。

①組織目標を設定する。
②組織目標を組織に所属するメンバーと共有化する。
③組織に所属するメンバーの指導・育成をする。
④組織目標を達成に導く。

⑤組織に所属するメンバーに人事評価・フィードバックをする。

　社員は職務遂行の程度によってマネジャーに任用される。ただし、その前提は、必要とされる組織が存在していることである。課があるから課の責任者としての課長が必要なのであり、部があるから部の責任者としての部長が必要になる。もし、課や部という組織がなくなれば、責任者としてのマネジャーは必要なくなる。つまり、組織の存在がマネジャーの存在に優先されるはずである。

　しかし、現実的には、マネジャーを残すために組織を増やしたり、1つの組織に複数のマネジャーが存在したりするような事態になっているケースがある。たとえば、1つの部に部長と次長が存在するようなケースである。もし、次長の存在が次期部長候補としてのトレーニングのためにあるのなら、せいぜい1～2年で部長任用か否かの判断がなされるべきである。実際のマネジャーではないのにマネジャー的な存在として長く処遇していると、本人にとっても実力を発揮する機会を失わせてしまうことになる。また、メンバーにとっても指揮命令系統が混乱する可能性がある。

　マネジャー数は組織数と同一が原則である。マネジャーに任用された社員に対しては、組織と人材をマネジメントしていく対価として役職手当を支給する。ただし、例外的に企業が認定した特定プロジェクトのプロジェクト・リーダーに対しては、そのプロジェクトの期間に限定してプロジェクト・リーダー手当を支給すべきである。プロジェクト・リーダー手当支給の目的は役職手当と同一である。

図表3-5　役職の期待機能（事例）

役職ランク	期　待　機　能
2 （部　長）	所管する部の組織目標を策定し、その計画を自分および各課に割り振ることができるとともに、所管する部の目標を達成することができる。
	所管する部に所属する人材を、目標管理プロセスと履歴管理プロセス、および人間的コミュニケーションを通して人材育成することができる。
	所管する部に所属する人材を、人事評価プロセスとフィードバックプロセスを通して人事評価することができる。

（4）等級と役職を分離した運用

　等級と役職の間には相関関係はあるものの、その運用は分離すべきである。

　等級は等級基準に基づいて企業全体における社員の位置づけを明示したものである。その位置づけを変えるには、昇格審査や降格審査によって慎重かつ厳密に実施されるべきである。

　役職に関しては、組織の責任者がマネジャーであり、組織編制は経営環境に応じて柔軟に対応すべき性格のものである。もし等級と役職の両者を厳密に関連させると、いくら高い専門性を持ち、全社的な事業開発に貢献している人材も、組織運営に携わっていないと上位の等級に上がることができなくなるケースが出てくる。あるいは、新たな組織ができて、その責任者としてふさわしい人材でも、等級が低いために新組織のマネジャーになれないケースが出てくる。そのような場合、実質的には組織の責任者の役目を果たしているにもかかわらず、別の上位の等級の者が兼務と称して名目的なマネジャーになるという、ねじれ現象が発生しているケースもよく見受けられる。

　一般に、役職を解任されることは非常に不名誉なことと認識されている。また一度役職を解任されたら、今後二度と役職に任用されないのではないかという危惧をいだく社員もいる。これらのことを防ぐために、マネジャーとは企業の組織戦略によって必要になったり不必要になったりする存在であることを、社内全体にアピールしておくことが重要である。

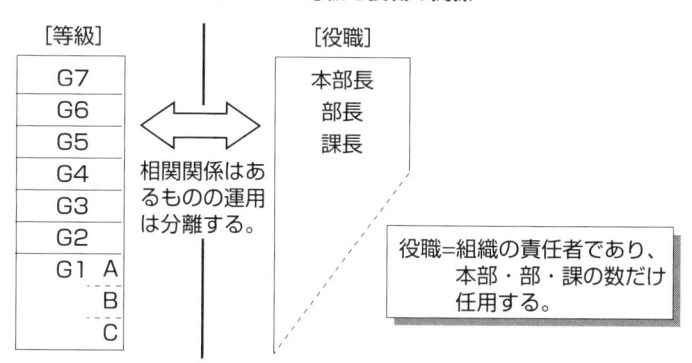

図表3-6　等級と役職の関係

［等級］		［役職］
G7		本部長
G6	⇔	部長
G5		課長
G4	相関関係はあるものの運用は分離する。	
G3		
G2		
G1　A		役職＝組織の責任者であり、本部・部・課の数だけ任用する。
B		
C		

第2節　目標管理システム構築のポイント

(1) 財務目標と施策目標の比較

図表3-7は、財務目標と施策目標のそれぞれの目標設定段階、目標進捗段階および目標評価段階ごとの特徴を比較している。

図表3-7　財務目標と施策目標の比較

	財務目標	施策目標
目標設定段階	・数値の割り振りの根拠が不明確な場合には、設定段階からやる気をなくす場合がある。	・このような目標テーマを実施するといった課題程度の段階までしか明確になっていないにもかかわらず、むりやり目標設定している場合もある。
目標進捗段階	・財務目標の進捗確認は会議等でしっかりできている。	・財務目標ほど進捗確認はできていない。 ケースによっては設定段階と評価段階しか目標を確認しない場合も珍しくない。
目標評価段階	・財務目標は数値であり、評価は比較的明確にできている。 ただし、進捗段階で上司、部下の合意によって変更すべき数値は変更されていることが重要である。	・設定段階や進捗段階で上司、部下の合意が明確になっていないケースが多く、評価段階では上司、部下の合意がとりにくく、納得性が低い場合がよくある。

　目標管理では目標の数値化が重要視される。たしかに数値化されていれば目標が明確であり、最終的な確認、評価もやりやすい。ただし、一部の企業では数値化にこだわりすぎて無理やり数値の目標を設定させる傾向が見受けられる。そのような場合には、自力での目標達成が不可能になっていることがよくある。つまり、他力本願的な目標である。そうすると、期初の目標設定段階からその目標達成に対する意欲を失ってしまうことになる。たとえば、人事課長に「労働分配率〇〇％達成」という目標を設定した場合に、一般的には人事課長が労働分配率の数値を直接動かすことに寄与できる部分はわずかであろう。もちろん、人事課長が労働分配率の数値そのものやその変動を意識することは重要なことである。し

かし、意識することと評価は異なる。

　目標管理で留意すべき点は、目標設定段階における数値の割り振り方法の確立と、進捗段階における数値の妥当性を会議などの場面でしっかり検討することである。いつも前年対比〇〇％成長というような考えを中心に目標設定していたのでは、企業の財務目標を割り振っていくためのノウハウは上達しない。また、メンバーの納得性も得られない。数値の割り振り方法は企業によって異なるが、売上高であれば、その主たる変動要因である市場規模や顧客数、あるいは販売価格などのこれまでのトレンドを考慮して割り振り方法を確立し、社員への周知、納得をとりつけることが目標管理システムを機能させるポイントである。

　施策目標については、履歴管理で進捗確認を徹底していくことがポイントとなる。

（2）企業における重要数値指標としての財務目標

　目標管理では１年、あるいは半年の短期的な評価を実施する。成果主義人事システムは短期的評価だからだめだという批判もある。しかし、短期の成果で組織貢献した事実を評価しないということのほうが不誠実である。また、成果主義人事システムは数字中心でよくないという批判もある。しかし、企業の業績は毎年度の貸借対照表、損益計算書、あるいはキャッシュフロー計算書などの財務諸表の内容を中心に株主から評価される。したがって、人事評価項目として財務に関する数字などを評価項目に入れておくことは当然である。

　図表３-８は、ある企業における役員の人事評価項目の一部を抜粋したものである。経営分析の数値を中心にして担当役員の評価項目に割り振られている。社員レベルで財務目標の項目を決める場合には、これらの評価項目にリンケージさせる必要がある。

　なお、社員に成果主義人事システムを導入するのであれば、役員にはその導入に先駆けて率先垂範して成果主義人事システムを導入すべきである。成果主義人事システムを社員には導入しておきながら、役員は評価者との人間関係や不明瞭な基準による評価を継続しているようでは、成果主義人事システムの導入は必ず失敗すると考えるべきである。

図表3-8　役員人事評価項目（抜粋）

No.	評価目的	評価項目	評価対象者				
			社長	営業	R&D	生産	管理
1	収益性の向上	総資本経常利益率(ROA)	○				
		売上高総利益率		○		○	
		売上高経常利益率		○			○
		総資本回転率	○				
		商品在庫回転率		○			
		原材料在庫回転率				○	
		売上債権回転率		○			○
2	安定性の確保	自己資本比率	○				
		流動比率					○
		当座比率					○
		固定比率					○
		固定長期適合率					○
3	成長性の向上	経常利益伸び率	○				
		売上高伸び率		○			
		業界シェア伸び率		○			
		新商品売上高伸び率			○		
4	生産性の向上	労働生産性	○				
		一人当たり売上高		○			
		一人当たり生産額				○	
		一人当たり特許出願件数			○		

　図表3-8の抜粋事例によれば、営業担当役員の評価項目は7項目ある。これらの項目が営業部門に最終的に求められる結果である。

　それらの各評価項目の数値を変動させる代表的な要因を抽出したものが、図表3-9である。これらの変動要因が営業社員の財務目標の候補である。これらの変動要因の中から営業部門全体の財務目標に適しているかどうかを判断していく。財務目標に適しているかどうかの判断基準としては、その要因を割り振られた社員が、自らの創意工夫や努力によって変動させられる可能性が高いか低いかということと、個人へのブレイクダウンが可能かどうかという点である。

　図表3-9の横軸に記述されている9個の変動要因を見ていくと、売上高は営業担当役員のすべての人事評価項目にリンケージしている。一般的に売上高は、営業社員の創意工夫や努力によって変動させることができるものである。した

がって、最重要な財務目標候補として考えられる。売上原価は営業担当役員の2つの評価項目にリンケージしているが、通常は営業社員の創意工夫や努力によって変動させられるものとは考えにくい。支払利息や借入金も同様であろう。それらの変動要因は営業部門の社員の財務目標としては適さない。販売管理費、商品在庫量、売上債権比率、不良債権額、および回収サイトに関しては、評価項目とするかどうか、検討する必要がある。

図表3-9　営業部門担当役員の人事評価数値を変動させる要因

No.	評価目的	評価項目	変動要因								
			売上高	売上原価	販売管理費	支払利息	借入金	商品在庫量	売上債権比率	不良債権額	回収サイト
1	収益性の向上	売上高総利益率	○	○							
		売上高経常利益率	○	○	○	○	○				
		商品在庫回転率	○					○			
		売上債権回転率	○						○	○	○
3	成長性の向上	売上高伸び率	○								
		業界シェア伸び率	○								
4	生産性の向上	一人当たり売上高	○								

　生産部門でよく見られる工場のラインにおける生産性向上の目標に関しては、割り振られた社員が自らの創意工夫や努力によって変動させられる可能性は高いが、個人へとブレイクダウンすることは一般的に困難であろう。そのような数値を財務目標とする場合には、個人にブレイクダウンせずに、チームや組織に所属する社員全員に対して協働目標として同じ財務目標の内容を設定する。先に挙げた売上高でも、個人へのブレイクダウンが困難なケースもある。その場合も同様に、協働目標の売上高目標として設定する。

　成果主義人事システムによってチームワークやコミュニケーションが悪くなったという指摘もあるが、目標設定方法を工夫することによって目標に向かってチームや組織のメンバーが一丸となることを促進することもできる。

　財務目標は企業の決算に直接貢献できる数値を設定することが前提である。つまり、財務諸表の勘定科目そのものや、経営分析数値、生産性関連数値に限定する。その結果、財務目標を設定できない部門もでてくるはずである。その場合は、無理やり財務目標を設定せずに、施策目標の遂行に注力するようにすべきである。

（3）財務目標を達成するための施策目標と重要職務

財務目標を売上高とした場合の営業社員が売上高の実績を高めるための職務を次に例示する。

〔売上高の実績を高めるための職務〕
　①全社や部門が打出している財務目標に対する施策を実施している職務
　②本人が自分なりの施策を設定し、かつその施策を実施している職務
　③想定できなかった緊急的事態への対応や、経営環境の変化に対応するための、いわゆる飛び込みの職務
　④日常、繰り返している営業活動の内容を逐次向上させている職務

　上記の①と②が財務目標の実績を向上させる施策目標である。
　①の施策目標は、財務目標の達成に向けて、全社あるいは部門として考える重要施策を具体的に示すことによって、社員の財務目標に対する職務のベクトルを一定方向に向けることになる。つまり、全社や本部からの施策目標の打出しが、財務目標達成に向けての求心力を強めることにつながる。
　②の施策目標は、個人の成長や動機づけにおいてもっとも重要視すべき目標で

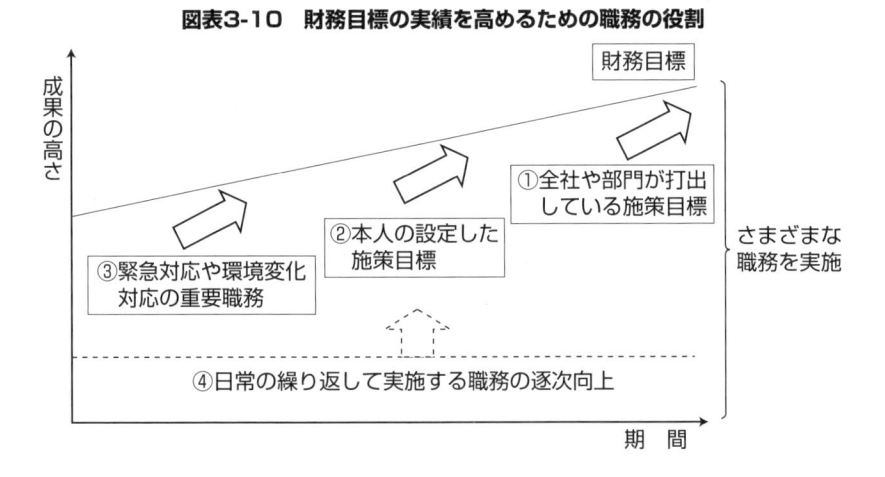

図表3-10　財務目標の実績を高めるための職務の役割

（縦軸：成果の高さ　横軸：期間）

- ①全社や部門が打出している施策目標　→　財務目標
- ②本人の設定した施策目標
- ③緊急対応や環境変化対応の重要職務
- ④日常の繰り返して実施する職務の逐次向上

さまざまな職務を実施

ある。本人なりの施策目標を、毎期継続的に考えて実施していくことが、中長期的な実力をつけることや動機づけにつながるからである。

③は期初には想定外の職務であり、緊急性や重要性の高い職務の場合には、必ず手をつけざるを得ないものである。

④の職務は、日々の経験や知識の積み重ねによるものであり、どのような施策であるかは明確に分析しにくいが、底力として財務目標に反映されているものである。

(4) 職務の特徴に応じた目標設定

図表3-11は職務の特徴に応じて設定すべき目標の種類を示したものである。財務目標を設定しやすいか、しにくいかという視点と、個人中心の職務か、チームワーク中心の職務かという視点で職務を4種類に分類し、それに適した目標の種類を示している。

よくいわれる意見や質問に「目標管理を導入しやすい部門とそうでない部門がある」とか、「目標設定できない社員はどうするのか」というものがある。前者の意見は営業のような財務目標を設定しやすい部門と、管理部門のように財務目標の設定が難しい部門の問題である。また後者は、工場のラインで働く社員や事務を中心として働く社員に対して、目標をどう設定させるのかという質問である。

財務目標が設定しやすい部門に関しては、財務目標と施策目標を設定する。その場合、財務目標が個人にブレイクダウンするほうが適しているか、チームとし

図表3-11　職務の特徴に応じた目標設定

目標の種類	職務の特徴	財務目標を設定しやすい職務		財務目標を設定しにくい職務	
		個人中心	チームワーク中心	個人中心	チームワーク中心
財務目標	個人にブレイクダウン	○			
	チームにブレイクダウン		△		
施策目標	個人として目標設定	○		○	
	チームとして目標設定		○		○

※○：個別目標として設定
　△：協働目標として設定（施策目標の協働目標は、役割や分担を明確にする）

図表3-12　財務目標・施策目標向上のために改めるべき3大ポイント

①財務目標の設定やブレイクダウン方法について、部門毎に科学的に決定し、関係社員に対して説明し、納得を得る。
　→前年対比中心の財務目標の決め方は改める。

②財務目標の進捗確認を実施する時に、経営環境の変化等によって設定数値を変更せざるを得ない場合には、部門の責任者、上司、および部下合意のもとに変更する。
　→期初に決めた財務目標は変更しないという考え方は改める。

③施策目標は進捗確認を履歴管理システムでしっかりと実施し、上司、部下合意のうえで、成果物の内容などを決定していく。
　→施策目標の内容は、期初に設定したら期末評価の時点までほっておくという姿勢は改める。

ての協働目標が適しているかの判断が必要である。

　また、「財務目標のない部門は目標達成が楽で財務目標のある部門は損である」という意見も多くの企業で聞かれる。この問題指摘に関しては、図表3-12にまとめてある「財務目標・施策目標向上のために改めるべき3大ポイント」に真剣に取り組まないと、いつまでたっても解決しない問題である。

　個人レベルの財務目標が設定しにくいチームワーク中心の職務の場合には、チームの協働目標としての施策目標を設定し、その施策目標に対する各人の役割や分担を明確にする。評価段階では、本人が実施した役割や分担の貢献度で評価する。

第3節　履歴管理システム構築のポイント

（1）履歴管理を成功させるポイント

　前述したように、履歴管理の対象である施策目標に関しては、期初において具体的に設定することが難しい場合がある。その原因にはさまざまなものがあるが、企業でよく見られる光景に「目標記述書が配布されて初めて施策としての目標を考える」という状況が指摘できる。日々多忙な業務を遂行しながらの目標設定であり大変なことではあるが、毎期そのような状態で目標設定することを繰り返していては、いつまでたってもしっかりした施策目標は設定できない。

　履歴管理を実践して、ねらった結果を出すための施策目標を確立していくためには、その前準備として中長期的な組織としての課題体系を確立しておくことが重要である。図表3-13は、中長期的な課題を管理するためのシートの事例である。

　部や課の中長期的な課題は、全社の中長期経営計画とリンケージしている必要がある。したがって、全社の中長期経営計画の中で、自組織に関連する部分について抽出して分析しておく必要がある。その部分が全社からの自組織に対する期待であり、優先的に課題形成しなければならないものである。

　また、自組織を取り巻く経営環境の分析も重要である。まず、外部環境としては、社会全体がどのような動きをしているかを分析し、特に自組織に大きく影響する部分は確認しておく。その結果、自組織での対応が必要であると判断される場合には課題形成をする。また、所属している業界環境や競合他社の動きも分析しておく。特に競合他社の動きに関する情報は比較的入手しにくいものであるが、課題形成には重要な情報である。

　さらには、自組織の内部環境分析も必要である。自組織の内部環境を分析していくための切り口としては、次の4点が挙げられる。

図表3-13　中長期課題

中長期経営計画の自組織関連部分

財務目標、または組織として重要視する数値			
展開年度		財務目標、または組織として重要視する数値の展開	
^	^	項目名	数値
3年後	年度		
^	^		
^	^		
2年後	年度		
^	^		
^	^		
1年後	年度		
^	^		
^	^		
今年度	年度		
^	^		
^	^		
1年前	年度		
^	^		
^	^		

市場開発・顧客開発 （目指すべき得意先・消費者・社員・会社の課題は？）	主担当	商品開発 （市場、

第3章 機能する成果主義人事システム構築のポイント

管理シート

自組織を取り巻く外部・内部環境分析	
外部環境 1．社会環境： 2．業界環境： 3．競合他社：	内部環境 1．強みとしての環境 2．弱みとしての環境

財務目標、または組織として重要視する数値達成のための課題

・サービス開発 顧客に対して実施 する施策は?	主担当	技術開発・知識開発 ・ノウハウ開発 （実施する施策の準備は？）	主担当	人材開発 （メンバーの人材育成は?）	主担当

図表3-14　内部環境の分析の切り口

内部環境 分析の切り口	強みとしての内部環境	弱みとしての内部環境
①市場・顧客		
②商品・サービス		
③技術・知識・ノウハウ		
④人材		

①市場・顧客の切り口

②商品・サービスの切り口

③技術・知識・ノウハウの切り口

④人材の切り口

　以上の4点は事業を成立させる構成要素であり、課題や目標を作成していく上で重要な切り口である。その内容については次項の「中長期的な課題形成のための4つの切り口」で詳述するが、この4つの切り口は内部環境分析で使用するだけでなく、これから実施していく中長期の課題体系形成、および履歴管理による重要職務の抽出まで一貫して活用していく切り口となる。

図表3-15　4つの切り口の活用場面

事業を構成する4つの切り口	4つの切り口の活用場面
①市場・顧客 ②商品・サービス ③技術・知識・ノウハウ ④人材	①自組織の内部環境の強み、弱みを抽出していく場面 ②中長期の課題体系を形成していく場面 ③期中で発生した緊急性や重要性の高い職務の抽出場面

　全社中長期経営計画の分析と外部・内部の環境分析が終了したら、中長期の体系的な課題形成に入っていく。まず、財務目標の前年度の数値実績を調査する。その後で、前年度の実績数値、今年度の目標数値、および今後3年間にわたる数値を予測して記述する。この場合、中長期の計画などがあればその内容に準拠する。財務目標のない組織であれば、自組織として重要視する数値を記述する。

　全社中長期経営計画の分析結果、経営環境の分析結果、および中長期的な財務

目標、または自組織として重要視する数値の展開に基づいて、自組織の中長期の課題体系を形成していく。図表3-13の「財務目標、または組織として重要視する数値達成のための課題」の欄の4つの切り口より形成していく。最終的には今年度の課題が組織目標の施策目標に展開されていくことになる。

(2) 中長期的な課題形成のための4つの切り口

「市場・顧客」「商品・サービス」「技術・知識・ノウハウ」「人材」という4つの切り口は中長期の課題を形成していくための切り口としても活用する。「技術・知識・ノウハウ」に基づいて「商品・サービス」を考え出し、それを「市場・顧客」に提供することによって売上や利益を獲得することができ、事業が成り立つ。その事業を拡大していくためには「人材」が必要になる。

この4つの切り口が事業を構成する要素である。その内容は組織や社員によって異なり、一般的に言葉の持つイメージから想像されにくい場合がある。たとえば、「市場・顧客」というと得意先や消費者というイメージが浮かびやすいが、営業部門に関してはそうだとしても、管理部門の場合には必ずしもあてはまらず、役員、社員、関連会社あるいは株主といった対象が顧客となる。自組織や自分にとっての市場・顧客、商品・サービス、技術・知識・ノウハウ、あるいは人材とは一体何なのかを考えることこそが、課題や目標を考える第一歩である。図表3-16は4つの切り口から出てくる課題や目標について説明したものである。

図表3-16　4つの切り口からの課題・目標

① 市場・顧客	商品やサービスを提供する対象であり、その対象者をどのような状態にしたいのかが課題、目標となる。
② 商品・サービス	市場や顧客に提供する対象であり、市場や顧客に対してどのような施策を実施したいのかが課題、目標となる。
③ 技術・知識・ノウハウ	商品・サービスを形成していくための前提であり、商品・サービスを形作るための体系的な技術や知識、あるいはそれ以外にも人脈や知的資産などを幅広くとらえて、市場や顧客に対する施策提供の前提となるものが課題、目標となる。
④ 人材	①〜③で形成された課題を目標に展開し、成長させていくために、組織内部の人材をどのような状態にしたいのかが課題、目標となる。

(3) 中長期的な課題体系の確立

　中長期的な課題体系を確立するには、まず図表3-13の中長期課題管理シートで、4つの切り口を活用して実際に課題を形成していく。そのためには、下記の5段階の局面から課題の存在を考えていき、最終的に中長期にわたる体系的な課題を形成していく。

〔課題形成の5段階の局面〕
　①研究段階：組織が、これまで経験したことのない新たな方法や対象の情報収集、調査、分析を実施する段階。
　②開発段階：組織がこれまで経験したことのない新たな方法や対象に働きかけ現実化、実用化する段階。
　③導入段階：組織がこれまで経験したことのない新たな方法や対象から、現実の成果を創出する段階。
　④強化段階：組織にすでに存在する既存の方法や対象に働きかけて、向上、成長、改善をする段階。
　⑤廃止段階：組織にすでに存在する既存の方法や対象に働きかけ、その方法や対象を廃止して取り扱わなくする段階。

図表3-17　4つの切り口と5段階の局面からの課題形成

課題形成の5段階の局面 / 事業を構成する4つの切り口	〔研究段階〕新たな方法や対象の情報収集、調査、分析を実施する。	〔開発段階〕新たな方法や対象に働きかけ、現実化、実用化する。	〔導入段階〕新たな方法や対象から現実の成果を創出する。	〔強化段階〕既存の方法や対象に働きかけ、向上、成長、改善する。	〔廃止段階〕既存の方法や対象に働きかけ、廃止して取り扱わなくする。
①市場・顧客					
②商品・サービス					
③技術・知識・ノウハウ					
④人材					

4つの切り口と5段階の局面から課題を考えて、形成していく。

図表3-17は4つの切り口と5段階の局面による課題形成のマトリックス図である。たとえば、4つの切り口の中の「市場・顧客」を例にとって5段階の課題形成の局面を考えてみよう。

- ①研究段階：組織がこれまで手がけたことのない市場や顧客で、将来性や企業の中長期的展望を考慮し、また今後組織の市場や顧客になる可能性の有無は別にして、今から情報収集や調査・分析を実施すべき対象と実施内容を考えてみる。
- ②開発段階：研究段階での情報収集や調査・分析した市場や顧客に対して、今後現実的に組織の市場や顧客にしていくことを前提として何らかの具体的な働きかけを実施すべき対象と実施内容を考えてみる。
- ③導入段階：開発段階で何らかの働きかけをした市場や顧客に対して、取引を開始し、実際の成果を創出すべき対象と実施内容を考えてみる。
- ④強化段階：これまでの組織が持っている市場や顧客に対して、さらに実際の成果を高めていくために、特に具体的な強化施策で働きかけを実施すべき対象と実施内容を考えてみる。
- ⑤廃止段階：これまでの組織が持っていた市場や顧客をなんらかの理由で今後手放すための実施すべき対象と実施内容を考えてみる。

　「市場・顧客」以外の切り口についても同様に考えていくとよい。今年度における③の導入段階の課題は、前年度以前における研究段階、あるいは開発段階を経てきたものである可能性が高い。また、今年度において①の研究段階に入った課題は、次年度以降の開発段階や導入段階の課題に展開していくことが望ましい。社員はこのようなプロセスを経ることによって、中長期的に新たな方法や対象を研究、開発することにより、そこから成果を創出していくという実力を身につけていくことになる。その結果、社員の職務が中長期的に成長していき、自己実現や動機づけにつながっていく。
　実際に履歴管理を導入して、部長や課長に図表3-13の中長期課題管理シートに記入してもらうと、かなり明確な個人差が出るケースがある。また、マネジャーを選出する場合に、候補者に該当組織の中長期課題管理シートをシミュレーショ

図表3-18 履歴

履歴管理：期初に設定した課題を目標へ展開する。期中に発生した重要職務を明確にする。

課題No.	課題	成果目標	達成日	現状の問題点	行動目標

※課題No.と課題（テーマ）は必ず期初に記述する。その他の項目も期初に決定していればその
　期初に決定していない内容は、履歴管理に基づき、決定し次第記述する。

月	課題を目標に展開する		
	課題No.	上記課題	完成成果物
4月			
5月			
6月			

※課題No.：どの課題の記述なのかを明示する。
※完成成果物　○：成果物が完成した場合（施策目標の終了を表わす）
※分類：A：市場・顧客　B：商品・サービス　C：技術・知識・ノウハウ　D：人材
※人事評価　○：第一次評価者が人事評価すると認定した場合

管理シート

スケジュール	アウトプットと要件	担当	横連携する部署

内容を記述する。

期中に発生した重要職務を明確にする			
重要職務（上記課題以外）	分類	評　価	
^	^	人事評価	点数

※ 点　数：人事評価すると認定した場合に点数をつける。
　　10点：最終評語を動かすほどのプラスの特筆すべき評価の場合
　　　5点：プラスの特筆すべき評価の場合
　　－5点：マイナスの特筆すべき評価の場合
　－10点：最終評語を動かすほどのマイナスの特筆すべき評価の場合

ンで記入してもらい、参考資料にする企業もある。本シートがなければ、課題形成は単年度志向や、場あたり的なものになってしまう傾向が強い。そうすると、直面する問題の解決のための課題ばかりが形成されて中長期的な視野を欠いたものになる。

　筆者たちのグループでは、この中長期課題管理シートを成果主義人事システムを機能させるための原点のシートとして位置づけている。

（4）履歴管理での目標や職務の高度化

　履歴管理で扱う職務は①施策目標と、②期初には想定できずに期中に発生した重要職務である。両者の履歴を管理していくシートが図表3-18の履歴管理シートである。

　①の施策目標に関しては、月次の会議などによって進捗状況を確認していく。その進捗確認プロセスは、上司と部下で課題を目標に展開しながら、目標の成果を確認していく。目標の成果物やその内容要件を決定して、最終的にはその出来映えを人事評価につなげる。

　②の期初には想定できなかったが、期中に発生した重要職務については、期初にはわかっていなかったわけで、月次の会議などによって明確にしていかざるを得ない。これを怠ると人事評価において上司は部下の何も見ていないという批判につながっていくことになる。成果主義人事システムに対する批判として、主たる職務ではない内容が評価されている、あるいは本当に重要な職務が評価されていない、というものがある。ある職務が期初に目標設定されているか、設定され

図表3-19　重要職務の分析の切り口

重要職務 分析の切り口	緊急性・重要性のある職務 〔プラスの評価〕	組織にとって重要な損失や 信用の失墜をもたらした職務 〔マイナスの評価〕
①市場・顧客		
②商品・サービス		
③技術・知識・ノウハウ		
④人材		

ていないかということに関係なく、緊急性や重要性が高く、本人にとって重要な職務の場合は、人事評価しなければ成果主義人事システムが機能しているとはいえない。ただし、逆に目標設定されているか、いないかにかかわらず組織にとって重大な損失や信用を失墜させた場合にも、同様にマイナスの人事評価を実施すべきである。これらの重要職務を抽出する切り口も、前述した4つの切り口による。

(5) 履歴管理でのナレッジの高度化

　履歴管理システムを運用していくと、目標としての数値の良し悪しだけではなく施策のレベルに関する議論や検証が全社レベルで活発化する。これは社員が目標の数値を向上させるための対象や方法を真剣に考え始めている証拠である。それをさらに促進するためには、全社レベルで一定条件を満足する「優良な施策」を選出して社員に公開していくとよい。図表3-20はその優良施策公開シートである。
　優良施策を選出する条件は、次の通りである。

①目標に関しては、一定以上の評価を得たすべての施策目標
②重要職務に関しては、履歴管理で抽出され人事評価でプラス評価をされたすべての職務

　これらの条件にあてはまったすべての目標と重要職務を公開していく。その目的は優良な施策を全社に公開することによって水平展開し、他組織や他の社員も活用できるものは活用させるようにし、企業全体のナレッジ（知識）を高めることにある。
　優良施策公開シートは、部門別にまとめたものと等級別にまとめたものを両方作成することが効果的である。ナレッジの水平展開をするということであれば、営業・生産などの部門別にまとめたもののほうがわかりやすい。実際に優良施策の公開をしている企業の実態を見ると、やはり自部門や自分の職務に関連した施策を中心に見ている傾向が高い。

図表3-20　優良施策

年度　　上期・下期
（部門別）優良目標・優良職務一覧表（目標：評価が15点以上　職務：履歴管理によって

目標区分	等級名	部名	課名	氏名	目標・
目標・職務					
目標・職務					
目標・職務					
目標・職務					
目標・職務					
目標・職務					

年度　　上期・下期
（等級別）優良目標・優良職務一覧表（目標：評価が15点以上　職務：履歴管理によって

目標区分	等級名	部名	課名	氏名	目標・
目標・職務					
目標・職務					
目標・職務					
目標・職務					
目標・職務					
目標・職務					

　一方、等級別にまとめる理由としては、人事評価が関連している。部門による評価の不公平や、上司による評価の甘辛の問題は多くの企業で指摘されている問題点である。それらを是正するために、評価者に対する研修も実施されている。このような研修の方法は、一般的には、事例を使って評価者の判断基準を標準化し、評価の甘辛を是正するという方法である。

　等級別にまとめた優良施策公開シートは、事例ではなく、まさに自社の優良と評価された実際の目標と重要職務の一覧表である。等級ごとにその内容を検討していくことにより、自社の優良施策公開シートを活用して評価者の評価のレベルを上げることが可能となる。たとえば、Ｇ７という等級における優良施策はどの程度のレベルかを検討することにより評価者間の評価における基準を形成することができ、実際の評価力を高められる。当然、部門間の不公平や個人の判断からくる甘辛の評価を是正できることになる。

　このように優良施策の公開は、全社のナレッジの水平展開と評価者の人事評価

公開シート

抽出され、プラス評価をされた重要職務）

重要職務内容	達成度	ウエイト	評価理由

抽出され、プラス評価をされた重要職務）

重要職務内容	達成度	ウエイト	評価理由

の基準の標準化が図れることになり、効果の高いものである。

　さらに、優良施策から自社版のコンピテンシーを形成している企業もある。優良施策と認定された目標や重要職務を実際に実施した社員に対してインタビューやアンケート調査を実施する。その中で、目標や重要職務を達成していくプロセスの確認と、そのプロセスにおける創意工夫した行動と問題点を克服した行動の内容を中心に確認していく。その結果、優良な施策を実施した社員のコンピテンシーが明確になっていく。コンピテンシーは普遍的なものではない。経営環境の変化や経営戦略、事業戦略が変われば、成果を出し続けられる人材の行動特性も変化していく。

第4節　人事評価システム構築のポイント

(1) 人事評価の公式の確立

　人事評価システムを構築するに際し、企業として社員を短期的に評価する場合、何を重点的に評価していくかを明確にすることが重要である。

　人が人を真に正しく評価することは不可能である。なぜならば、人のすべての行動を観察することはできない。社員のどの部分を重点的に観察して、判断し、評価につなげていくかを明確化し、そのことを社員に対して十分に事前説明し、理解してもらう必要がある。そのためには自社の重点的な評価要素を明確化して、自社としての「人事評価の公式」を確立しておくことが必要である。また、成果主義人事システムというからには、自社の成果とは何なのかを明確にしておく必要がある。それらの成果が人事評価の公式に結びついていることが、機能する成果主義人事システムにおける人事評価システム構築のポイントである。図表3-21は人事評価の公式を確立するための考え方をまとめたものである。

　短期的な人事評価を実施する場合の基本的な考え方は、財務成果に対する評価と施策成果に対する評価の両側面から評価していくことである。

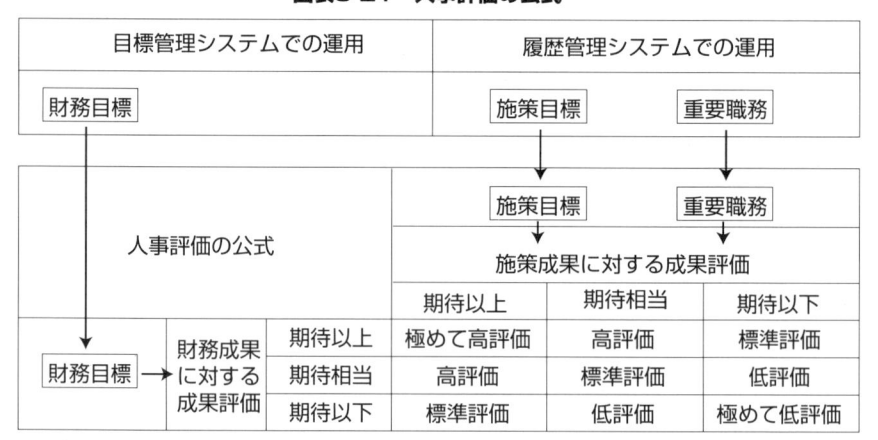

図表3-21　人事評価の公式

目標管理システムでの運用	履歴管理システムでの運用	
財務目標	施策目標	重要職務

人事評価の公式			施策目標	重要職務	
			施策成果に対する成果評価		
			期待以上	期待相当	期待以下
財務目標	財務成果に対する成果評価	期待以上	極めて高評価	高評価	標準評価
		期待相当	高評価	標準評価	低評価
		期待以下	標準評価	低評価	極めて低評価

財務成果に対する評価は、目標管理システムによって管理してきた財務目標の貢献度によって評価する。

施策成果に対する評価は、履歴管理システムによって管理してきた施策目標に対する貢献度、および期初には想定外であった重要職務への貢献度によって評価する。つまり成果主義人事システムにおける成果とは、

①財務目標からの成果
②施策目標からの成果
③重要職務からの成果

の3つである。図表3-21の人事評価の公式には、3つの成果がすべて入っている。それぞれの成果の組織貢献内容をまとめると、次の通りである。

①財務目標の成果からの組織貢献内容

財務目標とは企業にとっての重要数値指標であり、貸借対照表、損益計算書、あるいはキャッシュフロー計算書など、企業にとっての財務諸表に直接貢献した成果として評価する。

②施策目標の成果からの組織貢献内容

施策目標とは本部方針や部門方針として打出された財務目標達成のための重要施策としての目標、および本人が自分なりに設定した施策の目標である。財務目標の成果の是非に関係なく企業の施策の成長に組織貢献した成果として評価する。

以上の財務目標、施策目標の成果からの組織貢献を評価することを「目標成果評価」と呼ぶことにする。

③重要職務の成果からの組織貢献内容

特筆すべき重要職務とは、期初の段階では想定できずに発生した緊急的職務や経営環境変化に対応せざるを得ない職務で、上司と部下の履歴管理によって明確

化されていく職務である。この種の職務は、突発的な事象への対応や法律改正、あるいは競合他社との関係など、企業や組織として対応せざるを得ないものであり、施策目標と同様に企業の施策の成長に組織貢献した成果として評価する。

以上の重要職務の成果からの組織貢献を評価することを「履歴成果評価」と呼ぶことにする。

（2）人事評価の算式の確立

人事評価の公式に基づいて最終的なS、A、B、C、Dの評語決定まで結びつけていくプロセスが「人事評価の算式」であり、組織や個人によって多少の違いはあっても、自社としての原則的なプロセスを明確化しておく必要がある。図表3

図表3-22　人事評価の算式

・目標成果評価

目標成果評価	達成レベルの評価
財務成果に対する成果評価〔財務目標〕	
施策成果に対する成果評価〔施策目標〕	
目標成果評価ポイント　合計	(a)

・履歴成果評価

履歴成果評価	職務レベルの評価
市場・顧客	
商品・サービス	
技術・知識・ノウハウ	
人材	
履歴成果評価ポイント　合計	(b)

・ポイントの決定

ポイント　合計	(a) ＋ (b)

・評語の決定（上期・下期）

評　語	ポイント合計から換算

評語換算表

S	～80点以上
A	80点未満～60点以上
B	60点未満～40点以上
C	40点未満～20点以上
D	20点未満～

-22 は人事評価の算式の事例である。

目標成果評価は、財務目標の基準と実績とを比較して財務目標の達成度を決定する。同様に施策目標の基準としての成果目標と実績や成果物の内容とを比較して、施策目標の成果評価を決定する。評価結果はポイント化して目標成果評価の合計ポイントを決定する。

次に、人事評価に結びつけることが決定した重要職務の評価を実施する。評価結果をポイント化して履歴成果評価の合計ポイントを決定する。

最後に目標成果評価ポイントと履歴成果評価ポイントを合計して、最終的なポイントの合計を決定し、評語換算表から最終的な評語を決定する。

以上が短期的な人事評価の公式に基づいた人事評価の算式である。

(3) 目標成果評価と履歴成果評価の実施

人事評価の公式とその算式を明確化したら部門や個人に応じた人事評価項目を決定し、それを実際に人事評価のためのフォーマットに展開していく。図表3-23 はマネジャーの人事評価項目の事例である。この事例の企業では4本部ごとにマネジャーの人事評価項目を決定している。マネジャーのグループ以外では、マネジャー以外の管理者グループと一般社員グループの3分類となっている。

図表3-23　人事評価項目の種類

		役職者			
		営業本部	R&D本部	生産本部	管理本部
1. 目標成果評価	①組織目標・財務目標	○	△	○	△
	②組織目標・施策目標	○	○	○	○
	③個人・財務目標	—	—	—	—
	④個人目標・施策目標	—	—	—	—
2. 履歴成果評価	①市場・顧客	■	■	■	■
	②商品・サービス	■	■	■	■
	③技術・知識・ノウハウ	■	■	■	■
	④人材	■	■	■	■

※　○：必ず評価
　　△：必要に応じて評価
　　■：特筆すべき事実があれば、加点・減点

（営業本部・役職者　用）

図表3-24　成果

1. 目標成果評価（組織目標）

区分	内容				
	No.	目標項目		算式	
		項目名	達成レベル	算式内容	実績算式
財務目標	1	売上高目標達成率	％	売上実績÷売上目標×100	
	2	粗利高目標達成率	％	粗利実績÷粗利目標×100	
	3	在庫高目標達成率	％	期末在庫目標÷期末在庫実績×100	
	No.	目標項目		具体的成果内容	
施策目標	4				
	5				
	6				
	7				
	8				

■成果目標（詳細）

	No.	成果目標（詳細）		
		20点	15点	
施策目標	4			
	5			
	6			
	7			
	8			

2. 履歴成果評価

※点数　10点：最終評語を動かすほどのプラスの特筆すべき評価の場合　5点：プほどのマイナスの特筆すべき評価の場合

市場開発・顧客開発に関する重点・重要職務		商品開発・サービス開発に関する重点・重要職務		技
履歴成果内容（目標成果評価項目以外）	点数	履歴成果内容（目標成果評価項目以外）	点数	

評語換算表	
S	～80点以上
A	80点未満～60点以上
B	60点未満～40点以上
C	40点未満～20点以上
D	20点未満～

第3章 機能する成果主義人事システム構築のポイント

評価シート

	成果目標 (○○未満～○○以上)					ウエイト	成果評価 20・15・10・5・0点	ポイント
	20点	15点	10点	5点	0点	a	b	a×b
	～120	120～110	110～100	100～90	90～	20%		
	～120	120～110	110～100	100～90	90～	20%		
	～120	120～110	110～100	100～90	90～	10%		
	20点	15点	10点	5点	0点	a	b	a×b
						%		
						%		
						%		
						%		
						%		
					合計	100%		

A：目標成果評価ポイント：ポイント×5	点／100点

10点	5点	0点

ラスの特筆すべき評価の場合　－5点：マイナスの特筆すべき評価の場合　－10点：最終評語を動かす

術開発・知識、ノウハウ開発に関する重点・重要職務		人材開発に関する重点・重要職務	
履歴成果内容（目標成果評価項目以外）	点数	履歴成果内容（目標成果評価項目以外）	点数

B：履歴成果評価ポイント	点

C：合計ポイント（A＋B）	点
D：最終評語（合計ポイントより換算する。）	

目標成果評価に関しては、組織目標としての財務目標の評価は営業本部と生産本部は義務付けているが、R＆D本部と管理本部は、財務目標に関しては必要に応じて評価することになっている。履歴成果評価に関しては、特筆すべき重要職務があれば、目標成果評価に加算、減算することになっている。

組織や個人に対応して人事評価項目を明確にしたら、次はそれに応じて成果評価シートを作成していく。図表3-24は成果評価シートの事例である。この事例では営業本部としての財務目標の目標項目とその算式、基準、およびウエイトは事前に決定しており、実際の項目を記述している。ウエイトは合計で100％になるようにする。図表3-24の事例では、財務目標と施策目標の比率は50％と50％になっている。特に基準としての成果目標が不明確になりがちな施策目標に関しては、履歴管理で逐次決定した内容を記述できるように成果目標（詳細）の欄を設けている。

履歴成果評価に関しては、履歴管理で4つの切り口から抽出した重要職務の中で、特筆すべきものを評価していく。点数に関しては、プラス10点、プラス5点、マイナス5点、マイナス10点の区切りになっている。この点数はウエイト20％の目標が追加された場合と同様の影響を最終のポイントに与えることを想定して設定している。図表3-25ではその理由が説明してある。特筆すべき内容なので、場合によっては最終評語のランクを変えることができる程度の点数が望ましい。

図表3-25　特筆すべき重要職務の点数の決め方

点　　数					ウエイト
20点	15点	10点	5点	0点	20％

⇒

実際のポイント（点数×ウエイト×5）				
20点	15点	10点	5点	0点
標準評価との格差				
10点	5点	0点	−5点	−10点
大幅な加点の点数	加点の点数	−	減点の点数	大幅な減点の点数

第3章　機能する成果主義人事システム構築のポイント

第5節　給与処遇システム構築のポイント

(1) 年収体系の確立

　給与処遇システムを構築するには、まず年収体系をどのように構築するかを明確にする必要がある。図表3-26は年収体系の事例である。年収体系は基礎年収系と成果年収系に区分して構築する。事例では、基礎年収系として基礎給と基礎賞与を設定している。

図表3-26　年収体系

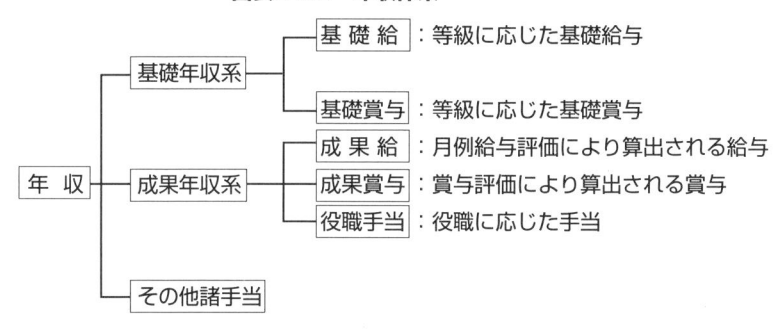

```
                ┌─ 基 礎 給 ：等級に応じた基礎給与
        基礎年収系┤
        │        └─ 基礎賞与：等級に応じた基礎賞与
        │        ┌─ 成 果 給 ：月例給与評価により算出される給与
年  収 ─┼ 成果年収系┼─ 成果賞与：賞与評価により算出される賞与
        │        └─ 役職手当：役職に応じた手当
        └─ その他諸手当
```

　図表3-27は基礎給と基礎賞与の事例である。これでわかるように基礎給と基礎賞与は等級に応じて一定の額が支給される。等級を基礎年収系の額を決定する基準とする場合、この事例の企業では、当該等級に格付けされる適齢の年齢を想定し、その年齢の標準生計費額を目安として基礎年収系の総支給金額を決定している。その金額を基礎給と基礎賞与に振り分けていく。月例給与総額と賞与総額の比率に準拠して振り分ける場合や、賞与にメリハリをつけたいというケースであれば、賞与での基礎賞与比率を下げて月例給与での基礎給の比率を上げる場合もある。

　基礎年収系に対して、短期的な評価や中長期的な評価の結果によって決定される年収が成果年収系である。図表3-26の事例では、成果年収系として成果給と成果賞与、および役職手当を設定している。

図表3-27 基礎年収系

①基礎給：等級に応じた基礎給与

等級	基礎給
⋮	⋮
G3	170,000 円
G2	154,000 円
G1A	140,000 円
G1B	132,000 円
G1C	125,000 円

②基礎賞与：等級に応じた基礎賞与

等級	夏季賞与基礎賞与	年末賞与基礎賞与
⋮	⋮	⋮
G3	340,000 円	340,000 円
G2	308,000 円	308,000 円
G1A	280,000 円	280,000 円
G1B	264,000 円	264,000 円
G1C	250,000 円	250,000 円

　上記以外で年収を構成している要素はその他諸手当である。その他諸手当に関しては、その支給目的を改めて明確にする必要がある。以前から長期間にわたって支給されている手当には、支給当初の目的がすり変わってしまっているものもある。また、現在の環境には適合しない手当が残っている場合もある。あるいは新たに支給すべき必要のある手当が出てきている可能性もある。その他諸手当に関しては、人事システム改定を機会に再検討すべきである。

（2）中長期的な評価・短期的な評価から見た年収金額パターン

　年収を中長期的評価と短期的評価の関係でとらえたものが図表3-28である。ここでは年収と等級との関係を3パターン示している。縦軸が年収で横軸が等級を表している。各グラフ上の矩形は、各等級における年収の上限と下限の幅を表している。グラフ上の年収幅が、等級が異なっていても重複しているということは、上位等級者の年収が下位等級者の年収よりも低くなるケースがあることを意

味している。各グラフの意味は次の通りである。

　①短期的評価を重視　　　：上位等級者の年収の下限額が、下位等級者の年収の上限額を下回っているケース
　②中長期的評価を重視　　：上位等級者の年収の下限額と、下位等級者の年収の上限額が一致している場合
　③中長期的評価を更に重視：上位等級者の年収の下限額が、下位等級者の年収の上限額を上回っている場合

図表3-28　年収と等級の関係

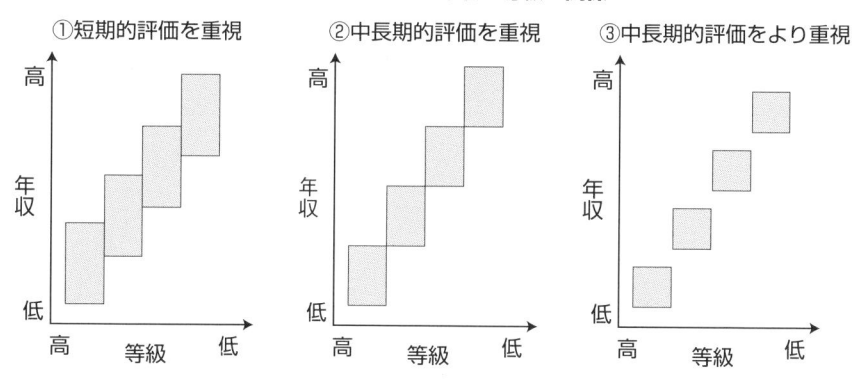

①短期的評価を重視　　②中長期的評価を重視　　③中長期的評価をより重視

この3パターンは①から③にいくにしたがって、年収の決定要因が短期的な評価重視から中長期的な評価重視に移っていることを意味している。また、各パターンの等級内の上限額から下限額までの縦の長さは、①から③にいくにしたがって短くなっている。つまり、短期的な評価を重視するほど、同じ等級間での年収の格差は拡大し、中長期的な評価を重視するほど、同じ等級間での年収格差は縮小することを意味している。多くの企業では①のように上位等級者の年収の下限額と、下位等級者の年収の上限額が重複しているパターンとなっている。

役職に関しては、前述した年収体系の事例では役職手当として対応している。役職の任用や解任に柔軟に対応できるように、手当で対応することが望ましい。

では、一般的には①のように下位等級の年収の上限額と上位等級の年収の下限額が重複しているパターンと、②、③のように下位等級の年収の上限額と上位等

級の年収の下限額が重複していないパターンのどちらを目指すべきであろうか。

　結論からいうと、後者の重複していないパターンをとるべきである。中長期的な等級格付けの評価は毎期の短期的な評価内容を考慮しつつ、それ以外の人材投資の観点から社員を判断して昇格や降格を決定している。それに対して短期的な評価は、中期的な評価で格付けされている等級が前提となって、格付けされた等級基準での評価がなされている。このことから、年収額の決定においては、中長期的な評価結果は短期的な評価結果に優先されるべきである。

　もし自社の年収と等級の関係が、①のパターンの場合には、厳密な昇格、降格の運用や、等級ごとの上限額や下限額の調整を実施して、②や③のパターンになるように逐次システムを改定していくことが必要である。その結果、等級内の年収の上限額と下限額の幅が狭くなったとしても、そのことが年収のメリハリを縮小させてしまったことにはならない。全社的には、最上位等級の年収の上限額と、最下位等級の年収の下限額が年収のメリハリの限界である。給与処遇にメリハリをつけたいという理由で、同じ等級内での上限額と下限額の幅を広げた結果、下位等級と上位等級の重複幅が広がってしてしまうことは避けるべきである。

（3）ポイント方式による賞与額の決定

　年収の上限額と下限額は、賞与額や月例給与額を決定するための目安として設定する。等級別の上限額と下限額を設定したら、それを月例給与と賞与に展開していく。図表3-29では月例給与に75.0％、賞与に25.0％を振り分けている事例である。

　ちなみに労務行政研究所が2004年に主要企業と中堅・中小企業を対象に実施した「モデル条件別昇給・配分」と「年間賃金・賞与の実態」の調査に基づいて算出した年収に占める年間賞与の割合は、全産業平均で25.1％であった（月例給与は通勤手当および時間外手当を除く。賞与は2003年年末賞与・2004年夏季賞与を使用）。この年収の月例給与と賞与への展開に関しては、各企業の実態や今後の方針などを反映させて実施する。

賞与の配分に関しては、ポイント方式による配分方法が有効である。図表3-30はポイント方式による賞与配分の方法を、図表3-31はポイント方式による賞与配分の事例を示している。

図表3-29　年収の展開

等級	年収上限額	年収標準額	年収下限額
⋮	⋮	⋮	⋮
G3	5,800,000 円	5,200,000 円	4,600,000 円
G2	4,600,000 円	4,200,000 円	3,800,000 円
G1A	3,800,000 円	3,600,000 円	3,400,000 円
G1B	3,400,000 円	3,200,000 円	3,000,000 円
G1C	3,000,000 円	2,800,000 円	2,500,000 円

⬇ 年収を賞与：25%
　　月例給与：75%に分配

等級	年間月例上限額	年間月例標準額	年間月例下限額	年間賞与上限額	年間賞与標準額	年間賞与下限額
⋮	⋮	⋮	⋮	⋮	⋮	⋮
G3	4,350,000 円	3,900,000 円	3,450,000 円	1,450,000 円	1,300,000 円	1,150,000 円
G2	3,450,000 円	3,150,000 円	2,850,000 円	1,150,000 円	1,050,000 円	950,000 円
G1A	2,850,000 円	2,700,000 円	2,550,000 円	950,000 円	900,000 円	850,000 円
G1B	2,550,000 円	2,400,000 円	2,250,000 円	850,000 円	800,000 円	750,000 円
G1C	2,250,000 円	2,100,000 円	1,875,000 円	750,000 円	700,000 円	625,000 円

図表3-30　ポイント方式による賞与配分の方法

①	等級別の賞与の上限額、下限額から、等級別・評語別のポイントを決定する。
②	全社員の基礎賞与原資額を算出する。
③	総賞与原資額から基礎賞与原資額を差し引き、成果賞与原資額を算出する。
④	全社員が賞与評価によって獲得した成果賞与ポイントの合計を算出する。
⑤	成果賞与原資を全社員の成果賞与ポイントの合計で割り、1ポイントの単価を算出する。
⑥	各社員の成果賞与ポイントにポイント単価を掛けて、成果賞与額を算出する。
⑦	基礎賞与額に成果賞与額を加算して、各社員の賞与額を算出する。

図表3-31　ポイント方式による賞与配分の事例

等級	年間成果賞与上限額	年間成果賞与標準額	年間成果賞与下限額
G3	800,000 円	650,000 円	500,000 円
G2	625,000 円	525,000 円	425,000 円
G1A	500,000 円	450,000 円	400,000 円
G1B	450,000 円	400,000 円	350,000 円
G1C	400,000 円	350,000 円	275,000 円

⇩

成果賞与	等級別・評語別ポイント				
	S	A	B	C	D
G3	8.00	7.25	6.50	5.75	5.00
G2	6.25	5.75	5.25	4.75	4.25
G1A	5.00	4.75	4.50	4.25	4.00
G1B	4.50	4.25	4.00	3.75	3.50
G1C	4.00	3.75	3.50	3.13	2.75
ポイント単価	半期ポイント単価 [例] 50,000円 （基礎賞与原資は除く）				
成果賞与額の計算例	G3　評語B： 6.50ポイント×@50,000円 成果賞与合計：325,000円				

※ポイント単価 ＝ 成果賞与額原資（基礎賞与原資は除く） ÷ 全社員の成果賞与ポイントの合計

（4）積み上げ方式と洗い替え方式による月例給与額の考え方

　月例給与額の決定方法を決めるためには、まず月例給与額の計算を、積み上げ方式で実施するのか、洗い替え方式で実施するのかを決定する必要がある。図表3-32は両方式の相違点を表している。

　昇給という言葉は、月例給与を積み上げ方式で実施していることを表している。積み上げ方式は前年度の月例給与額は変動させずに昇給額のみを決定する。したがって、原則として月例給与は下がることはない。

図表3-32　積み上げ方式と洗い替え方式

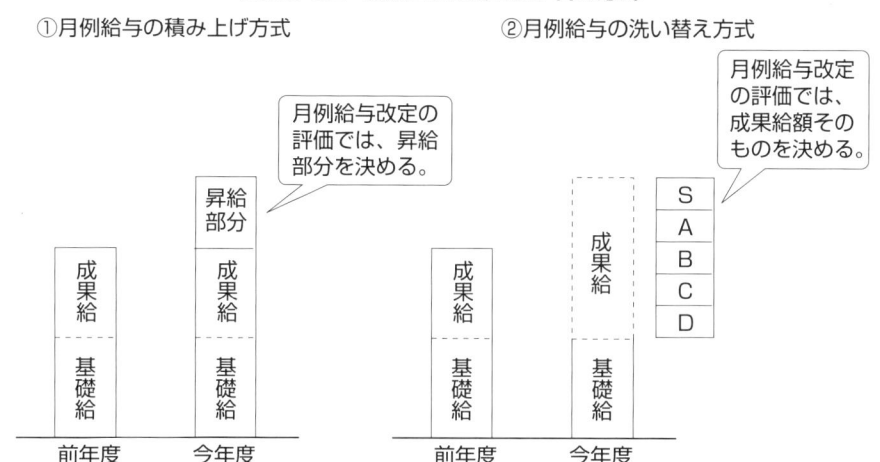

①月例給与の積み上げ方式　　　　　　　②月例給与の洗い替え方式

月例給与改定の評価では、昇給部分を決める。

月例給与改定の評価では、成果給額そのものを決める。

（前年度：成果給／基礎給　　今年度：昇給部分／成果給／基礎給）
（前年度：成果給／基礎給　　今年度：成果給／基礎給　　S／A／B／C／D）

　一方、洗い替え方式は、成果給を前年度の額を基準にせず、月例給与の評価結果によって変動させていく。したがって、評価結果によっては月例給与が下がる場合がある。賞与は通常洗い替え方式である。月例給与は多くの企業が積み上げ方式であったが、徐々に洗い替え方式が増加してきている。その代表的な給与処遇システムが年俸制である。年俸制は年収の洗い替えであり、その結果、月例給与も洗い替えとなる。ただし、年俸制は年1回の年俸評価で1年間の年収が確定するものであり、比較的硬直的な方式であると考えられる。実際に年俸制を導入した企業においても、賞与額に関しては変動できるような運用になっているケースも見受けられる。月例給与を洗い替え方式にすれば、もはや年俸制を導入する必要性はほとんどないと考える。

　洗い替え方式の成果給額や昇給額の決め方に関しては、賞与の配分の部分で説明したポイント方式で実施することもできる。その場合、洗い替え方式では成果給ポイントを設定し、積み上げ方式では昇給ポイントを設定することになる。

（5）すべての諸手当に関する意思決定

　諸手当に関しては、新設された当初は明確な支給目的があって設定されているが、年月を経るとその目的が徐々に変化して支給目的がすり変わってしまってい

るものもある。たとえば、当初は組織やメンバーに対する責任に対して支給されていた手当が、課長を解任されても課長相当ということで手当を支給され続けているようなケースである。また、以前の環境では必要な手当であったが、現在では環境が変化して支給する目的が消滅しているケースもある。あるいは新たに支給する必要のある手当が出てきている場合もある。諸手当に関しては、いったん支給を始めると、その当初の支給目的と現実の支給実態や環境を細かく分析する機会を持つことがあまりない。

人事システム改定時や中期経営計画の更新時を機会に、すべての手当を見直すことが必要である。見直した結果、変更の必要性はないという結論ならそれでよい。

手当を見直す場合、人事部門としての各手当についての明確な考えを確立しておく必要がある。たとえば、企業において職務に直接関係ない属人的な手当の代表として家族手当がある。家族手当廃止の話題が出ると、実際にはさまざまな困難が伴うであろうことは事前に見当がつく。そのため家族手当廃止の話題がいつのまにかあいまいになってしまう。この状態が続くと、いつまでたっても家族手当を自社としてどうしていくのか、その結論が出ない。家族手当を積極的に残していくのか、それとも将来的には変更や廃止をするのかという方向性を意思決定

図表3-33　諸手当の検討シート

	諸手当名称	諸手当の現状の支給基準	問題点	人事案	人事案の説明
	役付手当	G5以上に等級に応じて支給	等級連動で本来の組織や部下に対する責任に対しての支給ではない。	×	役職手当を新設し実際の組織や部下の責任に対する手当として再構築する。
①					
②					
③					
④					
⑤					
⑥					
⑦					

※人事案：○……積極的に残す。△……支給方法を変更する。×……廃止（原資を再分配）する。
　　　　　□……将来的には変更する。■……将来的には廃止する。

することが重要である。
　諸手当を見直すときには、問題が顕在化している手当のみを見直すのではなく、全手当を対象にして、現状の支給基準やその問題点、および人事部門としての意見を明確にしておくことが重要である。図表3‐33はそのときに使用する検討シートの事例である。

第4章

機能する成果主義人事システムに向けた運用強化のポイント

第1節　成果主義人事システムの運用目的と機能させるための前提条件

（1）人材マネジメントシステムとして運用

　第3章では「機能する成果主義人事システム構築のポイント」について解説したが、本章では成果主義人事システムの運用段階における強化ポイントについて考察する。

　成果主義人事システムの運用段階では試行錯誤が伴い、問題も多く生じる。たとえば、

「マネジャーの運用スキルが拙劣である」

「目標設定内容にレベル差がある」

「進捗管理がほとんどなされていない」

「評価者によって評定のバラツキが大きく、処遇への反映が困難である」

など、さまざまな問題である。その原因もまたさまざまであるが、特に運用の主目的についての認識の弱さが、問題の生じる起点になっている。

　人事運用は、基本的に①人材採用・配置→②人材育成→③人材活用→④人事評価→⑤給与処遇の5つのプロセスを経る。このプロセスにおける最重要課題は、組織の継続的な成長に向けて、図表4-1にある5つのプロセスの運用を通じて「人材の力を最大限に引き出すこと」である。また、そのために人事諸施策を講じる。これに対して、成果主義人事システムを給与処遇決定のための単なる査定ツールとしてしか認識していないと、ボタンの掛け違いが起こる。

　成果主義人事システムの導入が進んだのはバブル崩壊後である。バブル崩壊の後処理としてコストダウンを進める中で、人件費だけが右肩上がりに上昇を続けては経営が破綻する恐れがでた。そこで従来の年功的な賃金体系の見直しが必要となった。ただし、一律に押さえ込むわけにはいかず、成果に応じて処遇にメリハリをつけなければならない。そのため、人事評価は成果をベースにして従来以上に的確に実施する必要が生じたのである。

第4章 機能する成果主義人事システムに向けた運用強化のポイント

図表4-1 人事運用のプロセスと人事諸施策

継続的な成長

⇧

人事ビジョン	: 中長期的にこのような人材マネジメント体制を実現したい。このようなプロ人材の集団を創りあげたい。
人事戦略の構築	: いかに人材の力を引き出すかが最重要課題 キーワード（例）：自立型人材開発、プロ人材の養成

人事運用のプロセス		戦略実現のための人事諸施策：キーワード（例）
①人材採用・配置	成果開発の側面	職群管理（人事管理のプロセスすべてに活用）、中途・経験者採用、ヘッドハンティング、派遣社員・パート社員へのシフト（③人材活用にも活用）、紹介予定派遣制度、インターンシップ制度
↓		
②人材育成		コンピテンシー(①人材採用、③人材活用、④人事評価にも活用)、eラーニング、選択型研修、ジュニアボード制（③人材活用にも活用）、自己啓発援助、ビジネス・コーチング
↓		
③人材活用		目標管理制度、社内公募制度、社内ベンチャー制度、執行役員制度、ワークシェアリング、役職定年制度、定年延長・再雇用制度、在宅勤務制度、フレックスタイム制・裁量労働制、出向・転籍
↓		
④人事評価	成果配分の側面	業績・成果評価制度（プロセス評価）、多面観察評価制度（部下評価、クロス・レビュー、顧客評価）、人材アセスメント、バランス・スコアカード（評価だけでなく事業計画にも活用）
↓		
⑤給与処遇		成果重視処遇制度、業績連動型処遇制度、年俸制、職種別賃金、ポイント制退職金、報奨金制度、ストックオプション制度、早期退職優遇制度、退職金前払い制度・廃止、確定拠出型年金制度

［注］バランス・スコアカードはノートンとキャプランにより提言された考え方

　そこで、目標管理システムと人事評価システムを連動した成果主義人事システムが導入された。その結果、労使双方が目標管理システムを処遇決定のための単なる査定ツールと認識するようになってしまった。目標設定面談や達成面談の際に「年度初めや年度末の忙しい時期に、給与を決めるための内向きの仕事などやっていられるか」などといった発言が聞かれることがあるが、この発言などはまさに査定ツールとしてしか認識していない証拠である。

　人事システムは公正な評価や処遇のための成果に基づく配分の側面（成果配分の側面：図表4-1の④人事評価→⑤給与処遇の側面）を持つことは当然である

が、経営環境が右肩上がりの時代から、変化が激しくかつそのスピードが速い時代へとシフトするにともない、「人材マネジメントシステム」の一部として明確に位置づけて運用し、全体最適化を図るための成果開発の側面を持つものであるという認識が不可欠である（成果開発の側面の運用強化：図表4‐1の①人材採用・配置→②人材育成→③人材活用→④人事評価の側面）。

つまり、人事システムは成果開発を支援するマネジメントシステムであり、その運用は重要な経営課題である。組織を船にたとえると、船が沈もうとしているときに、船上で船員の給与配分の相談をしても話にならない。まずは船員の力を最大限に引き出して沈没を防ぎ、目的地まで無事にたどり着くことが最優先課題であり、それをバックアップする仕組みが人事システムである。もちろん、目的地まで無事にたどり着ければ、航海中の働き具合をフェアに評価して給与や賞与を配分することは大事ではあるが、優先順位を間違えては無意味となる。

（2）人材マネジメントシステムのマネジャーの守備範囲

ここで再確認しておくと、人材マネジメントシステムは経営理念から給与処遇までを守備範囲とし、その運用は経営理念から給与処遇までをつなぐことである。

経営理念、経営ビジョン、全社経営計画は、「社員の皆さん、わが社は経営理念の実現を目指して事業を推進する。また、3年後には○○億の売上目標を達成したい。○○体制を作りあげたい。その実現に向けて持てる力を最大限に発揮して欲しい」という社員に向けたメッセージであり、人材マネジメントの計画書である。

次にその達成に向けて最適な組織をつくり、人材を採用・配置し、活用できる体制をつくることが組織編制であり、ここまでをつなぐのは主に経営者や経営企画部門、人事部門の役割となる。

人材マネジメントシステムの運用の鍵を握るのはマネジャーである。マネジャーは全社経営計画と上位マネジャーの目標をふまえて、自組織の目標を設定する。次に部下に期待する成果を明示し、部下の目標設定をリードして、達成に向けての動機づけ、育成、活用、フォローを行う。最終的には組織目標を達成し、メンバーの成果の事実を把握し、貢献度の視点から適正な評価を実施する。

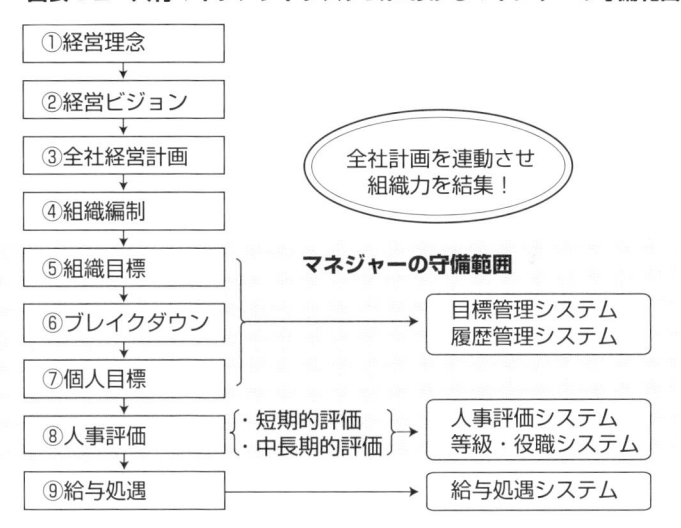

第4章　機能する成果主義人事システムに向けた運用強化のポイント

図表4-2　人材マネジメントシステムにおけるマネジャーの守備範囲

```
①経営理念
  ↓
②経営ビジョン
  ↓
③全社経営計画          全社計画を連動させ
  ↓                    組織力を結集！
④組織編制
  ↓                  マネジャーの守備範囲
⑤組織目標
  ↓           ┌─→  目標管理システム
⑥ブレイクダウン│    履歴管理システム
  ↓           │
⑦個人目標 ────┘
  ↓         ・短期的評価    人事評価システム
⑧人事評価 {                → 
            ・中長期的評価   等級・役職システム
  ↓
⑨給与処遇  ──────────→   給与処遇システム
```

　以上がマネジャーの重要な役割であり、図表4-2の人材マネジメントシステムにおけるマネジャーの守備範囲である。

　ところが実際には残念ながら、「成果配分の側面」が主目的になって運用され、個々人の主体性を重視した自己設定の名目の下に、評価を意識した無難な目標設定に陥っている運用も多い。その結果、組織目標と個人目標のつながりが切れてしまう。また、人事評価の結果が甘い評価に陥る運用も多い。ある企業では、業績が3期連続赤字なのにもかかわらず、社員の約60％が高評価のA評価となっているケースが見られたが、これなどは従来の仕事を無難にこなしていればA評価と判断している安易な運用である。これでは人材の力を最大限に引き出すどころか、人材の力を封じ込める形でシステムが機能しており、本末転倒といわざるを得ない。

(3) 運用を強化するための前提条件

　成果主義人事システムを人材マネジメントシステムとして運用するときの、その運用を強化するための主な前提条件を整理する。

①マネジャーによる主体的な取り組み

　人事システムはマネジメントシステムである以上、その運用の鍵を握るのはマネジャーである。マネジャーのシステムに対する理解や運用スキルがつたなければ、成果主義人事システムは機能しない。機能しないどころか弊害となることもある。使い方によってはプラスにもなればマイナスにもなる側面を持っている。これまでマスコミでは、使い方を誤ったマイナスの側面ばかりが取り上げられて議論されることが多く、成果主義人事システムに対するネガティブな考え方を醸成してしまったことは残念である。

　成果主義人事システムの運用は、所管する組織目標を設定し、部下に期待する成果を明示する(Plan)。そして、進捗確認を通じて成果を創出する(Do)。さらに、その取り組みを振り返り、次期の成果開発に活かすとともに、成果の事実に基づき評価する（See）。

　このプロセスは何も特別なことを実践するのではなく、マネジャーの役割遂行そのものであり、このような運用を日常化しなければならない。そのためには、マネジャーのマネジメントスキルを高める取り組みや教育が必要になる。ハロー効果や寛大化傾向といった心理的エラーを中心とする内容を学習した従来の人事評価者訓練だけでは不十分で、マネジメントスキルを高めるための教育が不可欠となる。

　もちろん、導入当初から望ましい状態に達するのは困難なので、現状のレベルを逐次引き上げていくことに重点を置く必要がある。マネジャーのレベルが低いからといって、立ち止まっていては変化に対応することは難しい。成果配分の側面も重要ではあるが、成果開発に向けた体制をつくりあげることが運用の成否の鍵を握ることになる。

②経営者のリードとバックアップ

　人事評価において、マネジャーは評価者であるが、一方で、マネジャーは経営者や上位マネジャーから評価される被評価者でもある。したがって、マネジャーだけが運用目的を理解し、運用スキルを高めるだけでは不十分である。前述の「①マネジャーによる主体的な取り組み」の前提は経営者にも当てはまる。

　さらに、経営者には成果開発に向けた全社的な経営課題である点を周知徹底さ

せ、運用の鍵を握るマネジャーをリードし、バックアップすることが求められる。人事システムの運用強化は経営改革であると位置づけ、全体最適化に向けてリードすることが極めて重要になる。

　経営者が強い意思を持って率先して取り組んでいる企業と、逆に、経営者が成果主義を単なる人件費是正システムとしてしか認識していない、あるいはシステムの構築・導入自体を目的化している企業とでは、その運用実態に大きな違いが見られる。変革期における改革には強いリーダーシップが不可欠であり、人事部門にお任せの運用強化は失敗する危険性が高い。

③関連各部門との協働運用

　組織には収支予算計画、業務計画、ISO関連計画、研究開発計画、目標管理といったさまざまな計画や目標の類が存在するが、これらの計画や目標は、人材マネジメントシステムの運用の中で統合し、リンケージすることが必要になる。

　ある企業では、収支予算計画は経理部が所管し、業務計画は経営企画部が所管する。またISO9000関連計画は品質管理部が所管し、ISO14000関連は総務部が所管する。そして目標管理システムは人事部が所管していた。各部各様であり、これらの運用に一貫性がなく、現場からは「同じような計画書を何回書かせるのか」といった不満が噴出していた。特に査定ツールとしてしか認識されていない目標管理シートの記述はラフであり、実態は人事評価とのリンクが困難な状況であった。そのような状態にもかかわらず、賞与支給額の決定に反映していたため、成果主義人事システムに対する社員の意識をネガティブにしてしまったのである。

　以上は一例であるが、各部門が部分最適化に走り、各種計画書の策定時期や設定内容に整合性がとれていないケースが多く見られる。全体最適化に向けての人材マネジメントシステムとして機能させるためには、各部門で作成している計画書類を統合できるものは統合し、一貫性を持たせることが必要である。そのためには、経営者のリードのもと、各部門の「協働運用」ができるか否かがポイントになる。

④一般社員（被評価者）にも目的と仕組みを理解させる

　一般社員は人事評価システムにおいては被評価者であり、受け身の立場である。受け身の立場では、指示されたことには対応するが、自らの主体的な行動が弱くなる。ともすれば「一生懸命に仕事をしていれば、きっと上司は見ていてくれるだろう」という期待から、自分の職務や顧客に意識を向けるよりも、上司の顔色をうかがうことに注意を向けてしまうことにもつながりかねない。ときにはミスの隠蔽、虚偽報告といった不正につながることすら生じているのが現実である。

　成果開発では、一般社員も自ら考え、行動する主体性や自立性が求められる。人事システムの運用目的や仕組みについて、マネジャーだけが理解していればよいでは済まされない。成果主義人事システムは単なる成果査定が目的ではなく、成果開発に向けての改革でもあることを一般社員に対しても周知徹底することが重要である。自らの役割に基づく職務遂行と報告・連絡・相談も不十分な状態で、上司の評価に対する不満ばかりをいうような状態に陥ることは避けなければならない。

⑤一律対応から個別対応へ

　第3章で成果主義人事システムの構築について解説したが、運用場面では職種や階層、等級などの違いを考慮すると、一律的、画一的な運用では対応しきれない場面が生じる。たとえば、営業職の成果は定量化しやすい側面がある。一方、研究開発職のように期初において目標の定量化が困難な職種もある。研究開発職は試行錯誤を通じて新たな発見や気づきをもとに成果を生み出す職務である。ときには失敗もあり、その失敗から新たな発見が生まれることもある。

　研究開発職のような職種に対して期初に目標の定量化を求めた結果、本来業務とは別の定量化可能なテーマを目標に取り上げてしまうといった本末転倒な運用も見られる。また、営業職の予算評価の場合は、評価対象期間が半年でも評価できる側面があるが、研究開発職に半年で成果を求めることは通常困難である。

　一方、マネジャーは組織を所管し、メンバーである人的資源を活用した組織の成果開発の実現が求められる。つまり、マネジャーの目標管理の対象は組織目標である。これに対して、一般社員の中には日々の定型繰り返し業務が主担当職務になっている社員もいる。このようにマネジャーと一般社員では職責や期待され

第4章　機能する成果主義人事システムに向けた運用強化のポイント

る職務内容、その成果の質が異なる。

　ところが目標記述書を見ると、マネジャーも一般社員もまったく同じフォーマットを使用しながら、変革に向けたチャレンジングな視点で目標設定を求めているケースが見られる。その結果、一般社員からは「日常業務が多忙で、変革目標に取り組む時間がなかった」といった報告がなされ、それを未達成という理由でマイナス評価にしてよいものかどうか困惑するという混乱が現場で生じているのである。

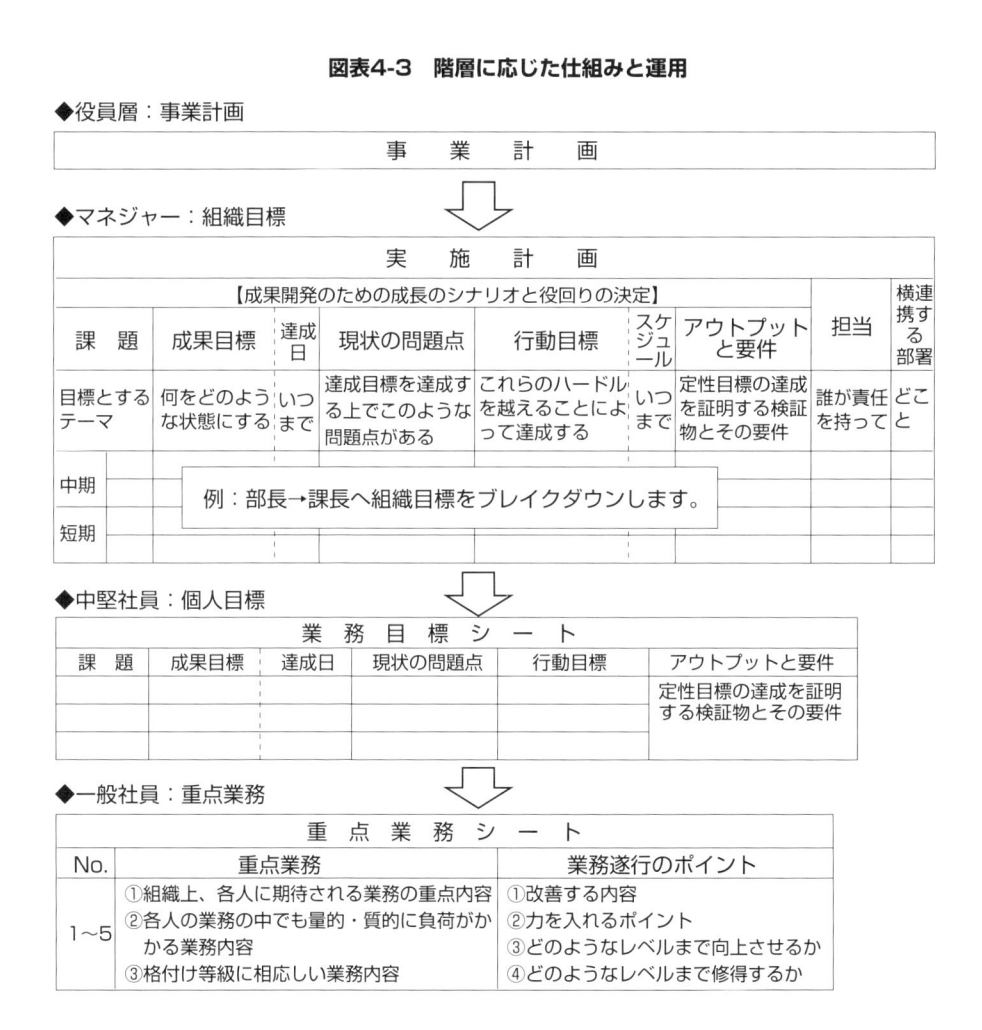

図表4-3　階層に応じた仕組みと運用

◆役員層：事業計画

事　業　計　画

⇩

◆マネジャー：組織目標

実　施　計　画							
【成果開発のための成長のシナリオと役回りの決定】							横連携する部署
課　題	成果目標	達成日	現状の問題点	行動目標	スケジュール	アウトプットと要件	担当
目標とするテーマ	何をどのような状態にする	いつまで	達成目標を達成する上でこのような問題点がある	これらのハードルを越えることによって達成する	いつまで	定性目標の達成を証明する検証物とその要件	誰が責任を持って	どこと
中期	例：部長→課長へ組織目標をブレイクダウンします。						
短期							

⇩

◆中堅社員：個人目標

業　務　目　標　シ　ー　ト					
課　題	成果目標	達成日	現状の問題点	行動目標	アウトプットと要件
					定性目標の達成を証明する検証物とその要件

⇩

◆一般社員：重点業務

重　点　業　務　シ　ー　ト		
No.	重点業務	業務遂行のポイント
1〜5	①組織上、各人に期待される業務の重点内容 ②各人の業務の中でも量的・質的に負荷がかかる業務内容 ③格付け等級に相応しい業務内容	①改善する内容 ②力を入れるポイント ③どのようなレベルまで向上させるか ④どのようなレベルまで修得するか

人事システムを機能させるためには、階層に応じた仕組みと運用が必要である。図表4-3に「階層に応じた仕組みと運用」を行っている事例を示した。マネジャーは事業年度単位で組織目標を設定し、マネジメントを実践している。中堅社員は組織目標からブレイクダウンされた目標と、自らが主体的に考えるテーマを併せて目標を設定している。これに対して、定型業務が主体の一般社員は、組織目標のブレイクダウンよりも、半年単位で主担当職務における改善課題・強化課題・業務修得課題を主要目標に掲げている。

　このように、それぞれの階層に応じて求められる成果の内容は異なるわけであり、目標設定期間、目標設定方法や運用フォーマットなどに階層に応じた運用の工夫が必要になる。

　以上のように、運用段階での職種や階層に応じた個別対応が、システムを機能させるためには不可欠となる。

⑥運用を通じながらメンテナンスを実施

　変革期における人事システムは、最初から自社の実態に適合したものをつくりあげることは容易なことではない。システムは精緻に設計したが、あとの運用は現場任せといったスタンスでは混乱だけを生じさせることにもなりかねない。システムの導入はスタートであって、定着を意味するものではない。運用して初めて気がつく点や、発見することが生じることは否めないわけであり、最初から精緻な仕組みを構築するよりも、メンテナンスをしながら自社独自のシステムをつくりあげるという取り組みが必要である。

　そのためには、システム導入後、人事スタッフはアンケート調査や現場ヒアリングをし、フォローアップ研修を通じて運用実態や問題点、要望について把握し、改善ポイントを具体化して、メンテナンスなどの運用を強化していく取り組みが期待される。また、全社的にそのような対策を容認する弾力性が必要である。運用がうまくいかなかったからといってシステム構築にかかわったスタッフを糾弾するような経営者を見かけることがあるが、運用は中期的な対応が必要である。人に関するテーマに特効薬はなく、漢方薬のように継続的に飲み続けて体質転換・体質強化を図るしかない。

以上、成果主義人事システムの運用目的と運用強化のための前提条件について確認してきたが、本章では、以下に挙げる「成果主義人事システムの運用プロセスにおける強化ポイント」について、運用事例をふまえながら実務的な解説をする。

◆成果明確プロセスにおける運用強化——— ［Plan］
◆成果創出プロセスにおける運用強化——— ［Do］
◆成果評価プロセスにおける運用強化——— ［See］

第2節　成果明確プロセスにおける運用強化

(1) 目標設定の4つのプロセス

　成果主義人事システムは、成果開発に向けて目標を設定し、その目標に関する成果をベースに評価し、給与処遇をすることが基本的な運用であるが、何を目標にするのかの意思決定が極めて重要である。

　目標管理システムは、自己設定→自己統制→自己評価→自己実現というセルフコントロールの仕組みであることは否定できない。一方で、高い評価を得たい心理はだれにでも働くわけで、自己設定の名のもとに、無難な目標設定に陥るケースもよくある。そこで、的確な目標設定を実現するための仕掛けや運用が必要になる。

　ここでは、「的確な目標設定を実現するプロセス」について確認するが、そのために図表4-4に示した「お客様を満足させるための料理のプロセス」と「品質保証を実現するための生産のプロセス」を比較検討することから始めよう。

　お客様を満足させるためにはどのようなプロセスでの料理づくりが重要か。まずは、料理の腕（技能）を磨くことが何よりも重要である。しかし、いくら一流の料理人といえども、腐った材料で作られた料理を食べることはできない。まず

図表4-4　料理・生産・目標設定のプロセス

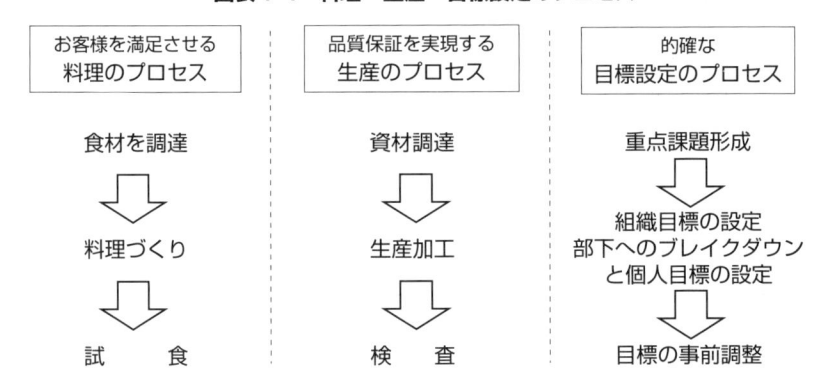

お客様を満足させる料理のプロセス	品質保証を実現する生産のプロセス	的確な目標設定のプロセス
食材を調達	資材調達	重点課題形成
↓	↓	↓
料理づくり	生産加工	組織目標の設定 部下へのブレイクダウンと個人目標の設定
↓	↓	↓
試　食	検　査	目標の事前調整

は、新鮮な食材の調達が重要である。また、料理をお客様に出す前に、料理人自身が味見しその善し悪しを確認して初めてお客様が満足する料理を提供することができる。

次に、品質を保証するにはどのような生産プロセスが重要か。まずは、生産加工に関する技術を高めることが重要である。しかし、不良品の混入した資材を調達して、製品に組み込み、出荷検査が不十分なままに市場に出荷したらどうなるであろうか。市場では事故が起きてしまうだろう。まずは、品質基準を満たす資材の調達が大前提であり、併せて出荷検査を的確に実施して初めて品質保証が実現できる。

これらのプロセスと同じように、的確な目標設定を実現する上で、成果開発に向けて弱い課題を設定し、具体化しても意味がない。的確な目標を設定するには、

①マネジャーによる組織目標に取り上げる重点課題の形成
②組織目標の設定
③メンバーへのブレイクダウンと個人目標の設定
④目標設定内容の上司・部下による事前調整の実施

という4つのプロセスを押さえることがポイントになる。
以下このプロセスにおける運用強化ポイントについて、それぞれ解説する。

(2) プロセス1:マネジャーによる組織目標に取り上げる重点課題の形成

ここでいう「課題」とは、成果開発に向けて取り組む必要があると考える職務活動のテーマである。料理にたとえれば、新鮮な食材調達に該当する部分であり、目標として料理をする（具体化する）前段階の問題意識をふまえ、認識している状態である。経営ビジョン、全社経営計画、上位組織目標を自組織の取り組み課題とリンクさせることが前提になる。

しかし、この前提に立って上位者の指示が出るのを待っているだけでは、マネジャーの存在意義は弱いものになる。マネジャーは所管する経営資源をいかなる

職務活動に重点投入するかを検討し、意思決定しなければならない。つまり「課題形成力」が問われている。また、メンバーを活用して達成するためには「課題の共有化」が必要であり、なぜその課題が重要な課題なのかの根拠を論理的に示さなければならない。このように「課題形成」と「課題の共有化」は、成果開発に向けたマネジャーにとっての重要なマネジメント活動になる。

　自組織の現在は、過去の意思決定の上に成り立っている。たとえば、「あのときあんな設備投資をしなければ、今こんな金利負担と償却負担に苦しむことはなかった……」といってみても、過去に戻って意思決定を取り消すことはできない。ということは、自組織の将来は、マネジャーの今後の意思決定に左右されるということである。

　課題形成は意思決定そのものである。したがって、マネジャーには自己の課題形成力を向上させるための日々の研鑽が求められるとともに、メンバーが取り組むべきであると考える課題についても日常のコミュニケーションを通じて取り上げていくことが重要である。

　また、個々人の問題意識のレベルには当然のことながら差異があり、運用場面においては、個々人の問題意識の差異が課題形成内容のバラツキとなって現れる。変革に向けたチャレンジングな課題形成をする者もいれば、たわいもない枝葉のような課題形成をする者もいるのが現実である。

　ここで生じるバラツキは、上司と部下による目標設定面談ですり合わせ調整をして、圧縮することになるが、上司の指導に一任するだけではバラツキの圧縮にも限界がある。ここが運用形骸化の一因になっている。課題形成は本人の主体性を尊重して行うことを否定はしないが、まったくの任意な発想で自由に設定するのではなく、成果開発に向けた「枠組み」を設定し、その視点から設定する方法が効果的である。そこで、成果開発を促進するための課題形成の視点について事例をふまえて以下に整理する。

①中長期課題と短期課題

　目標設定は半年か1年のサイクルで行われているため、つい短期的な視点で課題をとらえがちになる。短期的な課題の達成は、もちろん重要なことである。しかし、短期的な成果だけでなく、環境やビジネスの変化を先読みしながら、中長

期的な取り組み課題を明確にし、その達成を通じて成果開発を実現していかなければ、組織の継続的な発展はありえない。当期の成果は、前期までの先行取り組みのあり方によって大きな差異が生じているのが現在の経営環境である。先を考えて、当期の取り組み目標を詰めることがマネジャーの重要な役割となる。つまり、マネジャーは中長期課題と短期課題の双方について同時に目配りし、取り組むことが求められている。

この場合、中長期課題の単年度の「成果目標」は、最終ゴールから逆算して当期はどこまで実現していればよいかというマイルストーン（中間到達点）を設定する。マイルストーンは評価しにくいという批判があるが、評価のために目標設定を行っているわけではない点を再確認して欲しい。また、「最終結果が出てい

図表4-5　組織ビジョンをまとめるポイント

①環境の変化を考える	自組織を取り巻く環境がどのように変化し、その変化が自組織にどのような影響を及ぼすかを把握する。変化にはすでに起きている変化だけでなく、これから起きるであろう変化を予測することが重要である。 現場のリーダーとして、変化を把握し、どのように対応すべきかを主体的に考える。
②自組織のこれからの役割を考える	組織全体の中核的役割を管理者の立場で考える。唯一絶対の正解があるということではなく、自らの意思で打ち出していくものである。 自組織が果たすべき役割は、多種多様なものが考えられるが、大事なことは、さまざまな役割の中で、今後どのような役割を中核的なものにしていくかということである。経営環境が大きく変化する中で、求められる組織の中核的役割も変化することが想定される。
③上下のビジョンを受けとめる	経営ビジョンや上位組織のビジョンを確認し、それに貢献するにはどのような対応が必要かを考える。併せて、メンバーのキャリアビジョンも把握・確認し、それを支援することを考える。 ただし、これらのビジョンが常に明確になっているわけではなく、日々のコミュニケーションを通じて「思い」を把握する。
④自分の思いを整理する	以上の視点から、「では自組織のビジョンはどうあるべきか」を徐々に鮮明にし、自組織の中長期的な到達イメージを整理する。自分の思いとして以下のような内容でまとめる。 ・このような成果をあげられる組織にしたい ・こんな仕事に取り組む組織にしたい ・こんなことを大切にする組織にしたい ・こんなことに自信をもつ組織にしたい ・こんな人材を育成する組織にしたい

出所：「ケースで学ぶ目標による管理の実際」学校法人産業能率大学　発行

ないのに、予定通りマイルストーンに到達したからといって、評価するのはおかしいのでは？」という疑問もあるが、現在の経営環境下においては、新たな種をまき、芽を出すことが大変重要なことであり、その事実は評価対象期間の成果として評価すべきである。

　一方、中長期課題を具体化するために、マネジャーは自組織の将来のありたい姿を描くことが前提となる。たとえば「3年後にはこのような状態を実現したい」といった思いがあるからこそ、その実現に向けて具体的な構想を描くことが可能になる。経営者による全社的な経営ビジョンだけがビジョンではなく、マネジャーが所管する組織をどのような姿に成長させたいかという、自らの想いが必要である。ここでは、この想いを「組織ビジョン」と表現する。この組織ビジョンをまとめるポイントを図表4-5に示す。

　組織ビジョンを描くことは、メンバーの共感を高めることにもつなげられる。成果主義人事システムの運用は、組織目標と個人目標をリンクし、メンバーを動機づけ、その力を最大限に引き出そうとする取り組みである。特に、環境変化のスピードが速く、先行き不透明な状況では、従来の仕事のやり方を否定し、新たな仕事を創り出す破壊と創造をメンバーに要求する場合もある。そのためには、メンバーの共感が得られなければ中長期課題への取り組みも進まなくなる。

　組織ビジョンには、メンバーが本気で取り組むべき価値があると共感できる内容が必要になる。ビジョンを示すことによって将来への共感が高められてこそ、中長期課題に対して初めてメンバーの力を結集できる。

　このように、組織ビジョンはメンバーの共感を得られてこそ意味があるものとなるわけであり、決して独りよがりなものにならないよう、実行の中心となるメンバーの意見も反映しながらまとめる工夫も必要である。

② 「ビジネス活動の基本」に基づく課題形成

　成果開発を促進するためには、日常業務の延長ではなく、大局的視点で仕事を押さえ、その課題を明確にした上で、組織目標を設定する必要がある。ここでは、「ビジネス活動の基本」に基づいて課題を形成する思考プロセスを紹介する。

　ビジネス活動の基本とは「環境変化に対応して、市場・顧客の要求に対応した商品・サービスを提供し続けること」と整理できる。図表4-6に示すように、

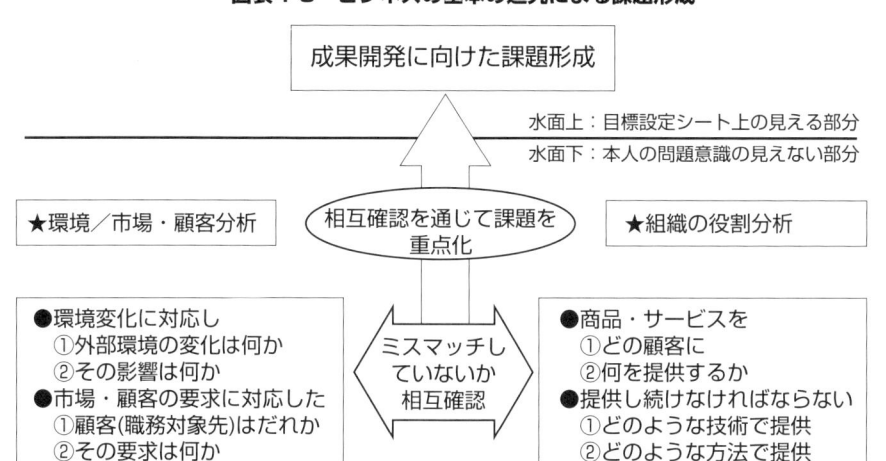

第4章　機能する成果主義人事システムに向けた運用強化のポイント

図表4-6　ビジネスの基本の追究による課題形成

```
                        成果開発に向けた課題形成
                                ▲
                                │
        ────────────────────────┼────────────────────────
                                      水面上：目標設定シート上の見える部分
                                      水面下：本人の問題意識の見えない部分

  ★環境／市場・顧客分析      相互確認を通じて課題を      ★組織の役割分析
                                  重点化

  ●環境変化に対応し          ミスマッチし          ●商品・サービスを
   ①外部環境の変化は何か      ていないか           ①どの顧客に
   ②その影響は何か           相互確認            ②何を提供するか
  ●市場・顧客の要求に対応した                     ●提供し続けなければならない
   ①顧客(職務対象先)はだれか                      ①どのような技術で提供
   ②その要求は何か                               ②どのような方法で提供
```

ビジネス活動の基本の追究を視点とすると、取り組むべき課題を顕在化することが可能になる。

イ．環境変化に対応：環境分析

　課題形成は環境変化を認識し、それに対応することが前提になる。環境が変化しているにもかかわらず、従来と同じ対応をしていてはミスマッチが生じる。通常、組織の外部環境や内部環境を分析することになるが、十分な情報がないと分析も困難であり、したがって日々の情報収集が重要になる。

ロ．市場・顧客の要求に対応：市場・顧客分析

　ビジネスをしている以上、そこには対象顧客が存在するが、ここでは拡大解釈して市場・顧客を「自組織やメンバー各人の商品やサービスを提供する対象先・対象者」ととらえる。たとえば人事部門の場合、顧客は社員、役員、関連会社などが考えられる。また、学校法人の事務職員の場合は、学生、生徒、保護者、教員、教員組織、就職先企業、卒業生、受験生（受験見込み者も含め）など複数の顧客が挙げられる。このように顧客とは決して商品を買いに来てくれる人だけを指すのではない。

　環境が変化する中で、顧客の要求も変化している。この顧客の要求の変化を的確に把握し、さらに先取りして顧客満足を高める取り組みが非常に重要なことは

だれもが認識している点である。

八．商品・サービスを提供し続ける：組織の役割分析

環境や市場・顧客の要求が変化すれば、それに対応して、力を入れなければならない組織の役割も変化する。ここでいう役割とは、「良い仕事をする、質の高い仕事をする、仕事を迅速、正確に行う、後進を指導する」といった、だれにでも当てはまる普遍的な内容を指すのではない。環境分析と市場・顧客分析をふまえた自組織のこれからの具体的な役割を検討しなければならない。この組織の役割を検討するには、図表4-7のように「貢献対象（ダレニ）」、「貢献内容（ナニヲ）」、「貢献方法（イカニシテ）」の3つの視点から整理するのも1つの方法である。

図表4-7　組織の役割分析の視点

「貢献対象」 （ダレニ）	だれに対して貢献すべきか （貢献対象は複数ある）
「貢献内容」 （ナニヲ）	貢献対象のどのような期待や要求にこたえていくのか
「貢献方法」 （イカニシテ）	何をすることによって貢献対象の期待や要請を満たし課題を解決することができるか

出所：図表4-5に同じ

以上の「環境分析」「市場・顧客分析」「組織の役割分析」を相互に比較検討することによって取り組むべき課題を顕在化することができる。特に成果が上がらない状態が続いている組織は、これらの分析が不十分である可能性が高い。あるいは、これらの結果が相互にミスマッチしていないか検証すると有効である。

③職種をふまえた共通成果の追究

職種によっては、期待される成果に共通する視点がある場合がある。このような場合は、職種ごとに共通する成果の視点をあらかじめ示し、その視点からどのような課題に取り組むべきかを考えることも効果的である。ここでは図表4-8のように、財務目標からの「財務成果」と施策目標からの「施策成果」について分けて考える。分けて考える理由は、組織的に検討した「財務成果」と違って、上司と部下が個別に検討する「施策成果」は、コンピュータで進捗確認を行い、

図表4-8　職種をふまえた共通成果の追究

共通成果	期初：成果の明確化	期中：成果の創出	期末：成果の評価
財務目標からの財務成果 ＊企業活動の最終成果	全社の予算編成に基づき、組織から個人へと予算数値をブレイクダウンする。	コンピュータにおいてデータ管理を行う。予算の結果数値だけでなく、プロセスの成果と一体化して追究する。	原則として貢献度は達成率で評価する。環境変化等の加味すべき要因があれば予算修正や評価調整をする。また、プロセスにおいて下段の視点で評価に値する事実があれば加味して評価する。
施策目標からの施策成果 ＊財務成果以外で職種毎にあらかじめ設定できる成果	職種別に期待する成果の視点があれば、対象者全員がその視点に基づき成果を追究する。	重要課題あるいは目標を中心に進捗確認を行い、実際に生み出した成果を確認する。また、必要に応じて軌道修正を行う。 ①本人の自主報告が前提。 ②定例会議等での定期的な状況把握と対応が重要となる。	今年度あるいは次年度以降の組織成長への貢献度の視点から事実確認して評価する。

［注］職種や等級の違いなどによって期待する成果の種類や重視するウエイトは異なる。

単純に達成率で評価できないからである。

　財務成果とは財務諸表の勘定科目そのものや、経営分析数値、生産性関連数値といった数値指標に関する財務目標からの成果である。財務成果は、事業活動の最終成果と位置づけられる。メンバーが個別に設定する課題とは性格が異なり、全社的な予算編成に基づいて設定され、組織から個人へとブレイクダウンされる。

　財務成果は期中の進捗確認もコンピュータで管理され、最終評価は達成率で貢献度を評価する。売上高や利益は主に営業職の共通成果に、コストダウンは主に生産職の財務成果になるケースが多く、職責からすると一般社員よりはマネジャーに大きな評価のウエイトがかけられる。

　これら財務成果は定量的に評価され、客観性も高く評価の納得性を高めることができると一般に認識されているが、運用場面では必ずしもそうとはいえないケースも見られる。たとえば売上目標は、企業の知名度、過去の取引経緯、技術力、商品力などに営業力が加わって初めて達成できる側面があるが、営業職は売上がすべてといった安易な考え方で売上目標を設定し、評価しているケースがあ

る。このような運用をしている組織の営業職からは、「最初から達成が無理な目標値であり、これで評価されることには納得いかない」といった不満が生じているケースや、「営業職だから仕方がない」とあきらめているものの、本音では納得していないケースも多く見られる。いずれにしても、安易な財務目標の設定と財務成果の評価が、社員のモチベーションを下げる要因になっている。

次に、職種に応じた施策成果に関する共通成果について確認するが、職種といっても各社各様であり、画一的にどの組織にも当てはまるものではない。自社の実態をふまえた個別の検討が必要である。ここではいつくかの事例を紹介する。

イ. 営業職

S社の営業職の場合、「刈り取り」といった単年度の財務目標の達成ばかりに意識が向いていたため、次期の財務目標の達成に向けた「種まき課題」の設定を共通成果とした。「刈り取り」ばかりで「種まき」をしなければ、いずれ財務目標の達成はおぼつかなくなることは明らかである。「種まき課題」とは「新規顧客開拓、新商品の市場導入、人材の育成、営業活動強化」など、短期的な財務成果には直接貢献しないものであり、次期以降の成果開発に向けての共通取り組み課題を追究するものである。

ロ. 生産職

K社の生産職の場合、製造部門・資材調達部門・品質管理部門などに組織は区分されていたが、生産の3条件である「Q・C・D（Quality：品質、Cost：コスト、Delivery：納期）」と生産の5要素である「4M＋1C（Man：人、Machine：機械設備、Material：原材料・資材、Method：作業方法＋Condition：作業環境）」の視点から、現状の問題点や弱点を組織的に分析し、取り組み課題を顕在化した。特に個々人が任意に検討するのではなく、会議形式で組織的に検討し、重点的に取り組む課題を顕在化、共有化した点が特徴であり、目標設定内容のバラツキの圧縮につながった。

ハ. 開発職

R社の開発職の場合、「売れる商品づくり」が大命題の課題であり、社員個々人が開発テーマを持って個別に開発に取り組んでいた。しかし、開発して市場導入すれば開発の仕事は完結しており、また、開発技術やノウハウは個人に帰属したままで組織としての共有化ができていなかった。そこで、「市場導入した新商

品の受注に向けた営業支援」や「開発技術の蓄積・共有化」を共通の取り組み課題にした。

二．事務職

　S大学の事務職の場合、人事システムの導入目的の1つに職員の意識改革があった。大学を取り巻く環境も激変しており、過去の経験の蓄積による対応では生き残れないとの危機感があり、事務職員に求める仕事の成果を検討した結果、図表4-9の視点で課題を追究した。また、同大学附属高等学校の教員の場合も同様に検討した結果、「学習指導」「生徒指導」「学校運営」の3点について共通の取り組み課題とした。

図表4-9　事務職員の成果追究の視点：CSMH

C: Customers	学生、生徒、保護者、卒業生、就職先企業等、仕事の対象先の新規開発・既存強化
S: Service Support	上記カスタマーに提供するサービス、支援の新規開発・既存強化
M: Method	カスタマーにサービス、支援を提供するための職務遂行方法の新規開発・既存強化
H: Human Resources Hardware	・上記職務を遂行するための新規人材採用と既存人材の育成 ・施設設備の新規開発・既存強化

［注］開発：新たに生み出すこと。つくり出すこと。実用化すること。
　　　強化：不十分な点を補い、いっそう強くすること。

　成果主義人事システムを導入したものの、何を成果として期待し、追究するかは本人任せになっており、その結果、バラバラな課題形成に陥っているケースが見られる。以上の4事例は、いずれもその企業や学校が成果開発に向けて検討して、共通課題として位置づけたものである。

　一方で、最近、ノートンとキャプランによって提言された「バランス・スコアカード」の考え方と目標管理システムを連動させた運用が見られる。「バランス・スコアカード」は、「財務」「顧客」「業務プロセス」「学習と成長」という4つの視点からマネジメントを実践しようとする考え方である。共通課題を追究する1つの視点にはなるが、「バランス・スコアカード」が先にあるのではなく、あくまでも1つの視点であって、職種の特性や組織の機能をふまえて個別に検討して採否を決定すべきものである。

以上、課題形成の切り口について整理してきたが、評価のしやすさに重点を置いた数量化優先の課題形成や、本人任せの任意の課題形成から、成果開発に向けた役割や職種の機能をふまえた視点からの課題や目標を形成するように転換することによって、成果開発が促進されるのである。

(3) プロセス２：組織目標の具体化

　プロセス２では材料を料理する。つまり、プロセス１で形成した課題を、組織目標に具体化する段階である。目標は図表４-10のように、「なぜ：目的」、「何をどのような状態にする：成果目標」、「どのようにして：行動目標」、「いつまでに：達成期日」、「だれが：担当者」、「どこと：協働先」の5W1Hでの記述が基本である。また、ここでは組織目標の設定について解説するが、個人目標の設定も基本的には同じである。ここでいう目標とは、施策目標のことである。

図表4-10　目標を具体化する5W1H

目的・狙い	成果目標	行動目標	期　限	担当者	協働先
WHY なぜ	WHAT どのような状態にする	HOW どのようにして	WHEN いつまでに	WHO だれが	WHERE どこと
目標を達成する目的とテーマを明確化する。	"何をどこまでやるか、どれだけやるか、どのような状態にするか"という目指す状態を明記する。到達ゴールのこと。	ゴールするためにクリアすべき課題(ハードル)を設定する。	達成目標および行動目標をいつまでに達成するか。	だれが取り組むのか。	どこと連携して取り組むのか。

①「行動目標」の追究

　目標というと、とかく最終結果である成果目標だけが目標であると認識されがちであるが、5W1Hの中の「どのようにして」の部分の意味づけがここでは重要になる。ゴールである成果目標に対しての手段であり、目標設定や設定面談においてはこれが無意識のままなされることが多い。

　よく考えるとわれわれは、成果目標を達成するために、意識するしないにかかわらず、日々の職務活動においてさまざまな問題解決に取り組んでいる。環境が厳しい状況下においては、日々の取り組みプロセスにおける問題解決があって、

初めて成果目標の達成が可能になる。したがって、マネジャーや企画業務、研究開発業務などの創造的業務を担当する者ほど、成果目標、つまりゴールに到達するために飛び越えなければならないハードル（解決すべき事項）を意識的に形成することが求められる。このように成果目標の達成のために先行して取り組む必要がある目標、つまり成果目標の達成のために実際に行動する目標を「行動目標」と表現する。

　たとえば、陸上のハードル競技の選手を想定してみよう。「あなたの目標は何か」という質問に対して「自己ベスト○○.○秒を切ること」という答えが返ってきたら、これが成果目標である。次に「その自己ベストを出すためには練習でどのような取り組み課題があるのか」という質問に対して「ハードルを飛び越えるときのフォームのバランスが悪いので、その矯正が課題である」というのなら、これが行動目標である。これに対して「がんばるだけです」としか答えられない選手がいたら、どちらが成果目標の実現に近いかは明らかであろう。このように行動目標の追究が、成果目標というゴール到達のための成功の鍵を握ることになる。図表4-11は成果目標と行動目標の関係である。

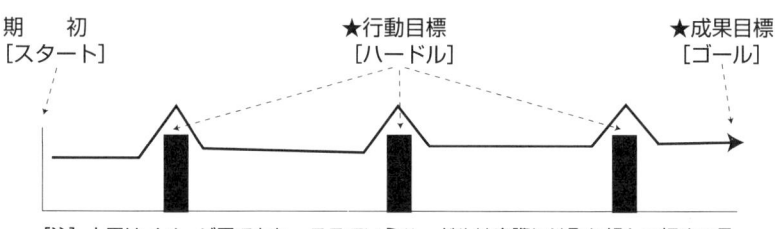

図表4-11　成果目標と行動目標

期　初
[スタート]

★行動目標
[ハードル]

★成果目標
[ゴール]

［注］上図はイメージ図であり、ここでいうハードルは実際には取り組んで初めて見えてくる場合も多々ある。すべてのハードルがあらかじめ見えているわけではない。

　ここで「そのような行動目標は実際に取り組んでみなければわからないのではないか」といった疑問が生まれるかもしれない。しかし、先が読めないから目標設定段階で考えなくてもよい、ということにはならない。取り組む中でいろいろな気づきや発見があり、やるべきことや本質が次第に明らかになったのであれば、行動目標の追加や修正をする。このこと自体が変化への対応であり、第3章で解説した「履歴管理システム」の運用そのものになる。環境変化に弾力的に対応す

るためのマネジメントシステムが硬直的になってしまわないよう留意しなければならない。

②定性目標を具体化する視点

　目標はすべて定量化できるわけではなく、数値で記述できない定性目標も実務上は多く存在する。定性目標については、記述がどうしても抽象的になりやすく、人事評価の際に判断が難しくなる面があるが、具体化するためには「外注管理」の視点で考えるとよい。

　よい外注先とはどのような要件を満たしているか。まず第1の要件は、納期までに発注したものが納品されていることである。納期を守らない外注先であれば即時、取引停止である。では、納期が守られていればよいのか。次に、不良品を納品されたのでは困るわけで、第2の要件は、品質が保証されることである。つまり、外注管理のポイントは「納品要件」と「品質要件」を満たすことであり、定性目標の記述もこの2要件を満たすことで具体化できる。

　図表4-12に例示したが、たとえば、成果目標が「○○マニュアルを作成する」というものであったとすると、納品要件は「目標設定期間内のマニュアルの提出」となる。では、マニュアルを上司に提出すれば達成したことになるのか。それだけでは不十分であり、たとえば「①従来バラバラで整合性がとれていなかったものが一元化されていること、②図表などを使用してわかりやすく理解しやすい内

図表4-12　定性目標の納品要件と品質要件

成果目標
○○マニュアルを作成する

主な納品要件	主な品質要件
目標設定期間内に、○○マニュアルが作成され提出されていること	①従来、バラバラで整合性がとれていなかったものが一元化されていること ②図表等を活用してわかりやすく、理解しやすい内容であること ③Web上でも閲覧できるようにすること

容であること、③Web 上でも閲覧できるようになっていること」という品質要件を満たすことで初めて目標は達成できる。つまり、自分の役割を全うし、組織貢献したことになる。

実務面では成果目標が「○○マニュアルを作成する」としか記述されていなくても、運用面では上司はこれらの品質の側面をふまえて評価をしているはずであり、品質要件は決して特別な視点ではない。無意識状態であるものを意識化しているだけである。

このように、目標設定時に納品要件としていつまでに何を納品物や成果物にするのか、品質要件としてどのような内容や状態を実現するのかを、目標設定面談や会議を通じて上司と部下の間で共有化しておく。「やった・やらなかった」、「できた・できなかった」という水掛け論は、その事実確認の徹底によって、相互の認識のギャップが埋められ、評価の納得性の向上につながる。特に部下の自己評価と上司の評価の間にギャップが生じたときに意識するとよい。

③目標記述は抽象ワードに注意

目標の具体化は当然のことであるが、目標記述書の限られたスペースに表現しようとすると、図表4-13に例示したような抽象ワードの羅列に終始しがちである。目標設定において抽象的な用語を使用すると具体化すべき部分をあいまいにしてしまう。

目標記述書に「組織の活性化を図る」という記述があったので、「組織の活性化が図れた状態とはどのような状態を想定していますか」、「組織の活性化を図るために、現在何が問題で、具体的な対応課題は何ですか」と質問したところ、具

図表4-13　抽象ワードの事例

（1）抽象的な表現
- ・活性化　　・効率化　　・合理化　　・具体化　　・明確化
- ・〜の強化　・〜の整備　・〜の検討　・〜の促進
- ・〜の向上　・〜の推進　・〜の改善　・〜の構築

（2）心得的な表現
- ・〜に努める　・責任をもって〜　・〜に注意する
- ・迅速に〜　　・着実な〜　　　　・〜を図る
- ・〜をめざす　・積極的に〜

体的には何も考えていなかったケースがあった。このように、抽象的な用語を使用すると本人の思考を停止させてしまうことが問題なのである。ただし、絶対に使用してはいけないのではなく、たとえば、行動目標に「営業活動の強化」と記述するのではなく、「イ．○○部門との連携と共同提案の実施、ロ．○○推進体制の見直しによる営業活動の強化」というように重点取り組み内容が顕在化できていればよい。

一方、図表4-13の抽象ワード事例における「心得的な表現」は使用してはならない。これらの表現は仕事に取り組む前提条件であり、これらの言葉の羅列は、精神論の領域に陥ってしまう。「心得的な表現」は使用しなくても目標設定には何の問題もないはずである。

（4）プロセス3：メンバーへのブレイクダウンと個人目標の設定

マネジャーは組織目標を1人で達成するわけではなく、メンバーを活用して達成するために目標をブレイクダウンする。この際、上司の期待、本人の等級、成長促進（キャリア開発）、本人の今後の希望、仕事の負荷状況などを勘案してブレイクダウンすることになるが、人的資源をどのように活用するかは人材マネジメントの重要場面である。

ところが「忙しくて時間がない」、「目標は自己設定するところに意義があり、上司からの押しつけはよくない」といった理由で、メンバーとのコミュニケーションが不十分なケースや目標設定の放任が見受けられるのは残念なことである。

ここでは、会議や面談を通じて、上司の考えやメンバーに対する期待を明示することが必要である。認識の一致を図るために、マネジャーはメンバーとのコミュニケーションを促進し、リーダーシップを発揮することが求められる。特に、なぜその目標に取り組む必要があるのかという状況を説明し、目的や重要性を明確にするとともに、メンバーにとって目標に取り組む意味を伝えることがポイントになる。この場合、メンバーがいかに納得できるように伝えられるかが相互理解の鍵を握っており、上司は日々のコミュニケーションを通じて、メンバーの問題意識や価値観を把握しておくことが前提となる。

一方、勘違いしてならないのは、メンバーが取り組む目標は、組織目標からブ

レイクダウンされたものだけではない点である。仕事には「全社経営計画や上位組織目標の達成に向けて新たな取り組みをする仕事」と「日常繰り返し行っている定常業務を改善・強化しながら遂行する仕事」がある。ここでは前者を「攻める仕事」、後者を「守る仕事」と表現するが、一般社員の等級や職責からすると「守る仕事」が主担当の者もいる。したがって、本人の等級や職責といった役割をふまえた主担当職務に関する重要課題を目標に展開することが必要である。目標を設定して評価し、給与処遇につなぐ仕組みを運用する上では、この点をしっかりと押さえることが不可欠である。

　運用が形骸化している企業ではこの点についてミスマッチしていることが多い。たとえば、「守る仕事」が主担当のメンバーに対して、チャレンジの名の下に「攻める仕事」に関する目標のみを与えたところが、主担当業務が多忙で目標が未着手あるいは未達成であったのでマイナス評価とした、といったケースである。このような運用が社員の不満になり、成果主義への不信につながっていくことになる。

　また、部長から課長といったマネジャー間では、「攻める仕事」から「攻める仕事」へのブレイクダウンが主となるが、課長から一般社員へのブレイクダウンでは、「攻める仕事」に関する目標と「守る仕事」に関する目標を併せて設定するケースが多くなる。ここは「だれに、どのような目標を任せるか」、「その場合、攻める仕事と守る仕事のバランスや評価ウエイトをどうするか」について十分検討する必要があり、課長クラスの中間マネジャー層の腕の見せどころとなる運用場面である。

　もちろん、上司からの一方的な指示や割り振りだけでなく、メンバー自身が取り組むべきであると考える課題も併せて、双方向ですり合わせを行い、最終的にはメンバー自身が上司からの方針や指示事項をふまえて、自らの考えで目標を設定する。ここでの目標記述の方法については、すでに解説した組織目標の設定方法に準拠する。

　次に「目標が毎年同じ内容になってしまう」という指摘が聞かれることの多い「守る仕事」を主体とした日常繰り返し定常業務の担当者の目標設定について考える。

①改善目標の設定

　定常業務といえども、組織の中の重要な仕事であることには変わりはない。そうである以上、前期よりは今期、今期よりは来期というように、より価値の高い成果を出すことが期待される。上司はすべてのメンバーの仕事に精通しているわけではないものの、組織や本人の成長に向けた目標設定を支援する役割がある。ここでは、上司が定常業務に関する目標設定を支援するための手順を確認する。

イ．「業務の目的」から目標に取り上げる課題を検討する

　「定常業務であっても、前期よりも前進がなければ……」という指示だけをすると、その成果を無理に定量化しようとするメンバーも出てきて、かえって意味のない目標設定になることがある。たとえば、営業事務の目標で「ミスコピーの枚数を○○枚減らす」といった目標がその典型である。一見すると成果目標が具体的で、コスト削減につながるため、妥当な目標であると判断しがちであるが、ミスコピーの枚数を減らすことが本当に本人の成果として適切なのかどうかという疑問が残る。

　定常業務であっても本人の役割や職責をふまえた仕事の成果の追究が重要である。本人にふさわしい改善目標の設定に慣れていないメンバーを支援するためには、初めは時間と労力を必要とするかもしれない。しかし、継続的な取り組みを通じてメンバーの中で習慣化されていくことによって、中長期的にはマネジメントしやすい状況をつくりあげるという意識を持って取り組んでいくことが期待される。

図表4-14　定常業務の目的の整理と課題の検討

業務の目的	・営業事務は、営業効率化を促進するためのもの ・営業事務は、顧客の信頼を獲得するために営業をサポートするためのもの ・営業事務は、営業からの顧客情報を効果的に蓄積し、組織の価値ある資産に加工するためのもの

↓

課　題	・営業担当者の内勤業務の効率化を図る ・顧客からのクレームに迅速に対応できるようにする ・営業報告書のデータを有効活用できるようにする

出所：「ケースで学ぶ目標による管理の実際」学校法人産業能率大学　発行

定常業務に関する改善目標を設定するためには、「業務の目的」の明確化からスタートするとよい。図表4-14では「営業事務」の例を取り上げている。まずマネジャー自身が「営業事務」の業務の目的について考えてみることが必要である。その後、業務に精通したメンバーの意見をふまえながら、課題を検討する。

ロ．目標として具体化

マネジャー自身がまとめた「営業事務の取り組み課題」をメンバー本人に提示し、その妥当性や納得性を確認する。修正すべき部分は修正するが、ここでの目的は、本人の問題意識や主体性を引き出した取り組み課題の具体化である。図表4-15のように目標テーマが具体化できたら、成果目標や行動目標を相互検討し、本人に記述させる。

図表4-15　目標テーマの具体化

目標テーマの具体化	・営業担当者の内勤業務の効率化を図るために、提出書類のフォーマットを作成し提供する ・顧客からのクレームに迅速に対応できるようにするために、対応マニュアルを作成する ・営業報告書のデータを有効活用できるよう、商談成功事例を週1回まとめ、メンバーに配信する

出所：図表4-14に同じ

また、メンバーにはさまざまなレベルの者がおり、主体的に考えることができるメンバーもいれば、上司が半ば目標を与える形でリードする必要があるメンバーもいる。実務上はそれぞれのメンバーに応じたアプローチが求められる。

②協働目標の設定

通常、目標は個人ごとに設定したほうが、メンバー本人の主体性や責任意識も醸成され、能力開発のポイントも明確にできる。しかし、工場ラインの現場のように複数のメンバーが相互に協力し合って成果を生み出すために「協働目標」を持つケースもある。

個別目標として設定するとあまり意味をなさなくなるテーマや協働したほうが成果を出しやすいテーマ、さらにはチームワークを引き出す必要がある場合など、職種や役割によっては協働目標を設定する。

たとえば「工場の生産性向上3％」という目標の場合、3人で3％だから1人1％

図表4-16　個別目標と協働目標のメリット・デメリット

	個別目標	協働目標
メリット	・メンバーのやることが明確で、力のいれどころがわかる ・マネジャーは、個々の目標に基づき評価しやすい	・チームワーク意識や他者に迷惑をかけてはいけないという責任感がより強くなる ・だれかのミスで目標が達成できないと自分の責任にもなるので、相互支援の力が発揮される
デメリット	・無理に個別目標に落とし込むことで仕事のモレが生じる可能性がある ・職場の風土として、自分のことだけをやればよいという気風が生まれる可能性がある	・マネジャーにとっては、メンバー個々人の評価に差がつけにくい ・自分一人くらい手を抜いてもといった「手抜き現象」を助長する可能性がある

出所：図表4-14に同じ

ずつの個別目標を持つことにしても、それは現実的ではない。3人が常に協働の目標を意識して協力し合いながら行動し、コミュニケーションをはかることがここでは重要になる。したがって、財務目標としての生産性数値の目標は、3人とも同じ協働目標とする。しかし、施策目標は個別設定が可能である。メンバーそれぞれの役割や分担が違えば、取り組み内容も異なるからである。

　個別目標と協働目標のメリット・デメリットを整理すると図表4-16のようになる。チームワークを活かした協働目標にするか、それとも個別目標にするかは、組織の成果開発やメンバーの能力開発、評価の納得性といった観点から総合的に判断して決定する。

（5）プロセス4：目標設定内容の上司・部下による事前調整の実施

　目標設定プロセスの最後の段階では、上司による目標設定内容のチェックと目標設定面談・会議になるが、そのポイントを考える。

①目標設定内容のチェック

　本人の自主性を尊重して目標を自己設定させることは重要なことである。しかし、人事評価を意識すると、すでに考察したように無難な目標設定に陥りがちである。自己設定だからといって自由に設定させることは、マネジャーのマネジメントの放棄につながることになる。そこで、成果開発を促進するために、上司とメンバーによる事前調整を通じた目標設定内容のチェックと相互検討が極めて重要になる。

　仮に目標を契約にたとえると、上司が発注側であり、部下が受注側という関係になる。目標の事前調整は、まさに受発注契約交渉の場面である。受発注契約がいい加減なままで納品物を見てからクレームをつければ、受注側に不満が生じることは当然である。したがって、マネジャーは不十分と判断した目標の場合、その根拠を示した上で差し戻し修正を指示し、再検討や話し合いを繰り返すことが求められる。このやりとりを通じることによって、メンバーの問題意識を高め、目標の共有化が促進され、上司とメンバーの双方が納得した上で、成果開発に取り組む体制の構築が可能になる。

　では、どのような視点で目標をチェックすべきか。基本的には図表4-17の「チャレンジングな目標の3要件」に基づいたチェックがポイントとなる。「チャレンジングな目標」とは、次の3要件を満たしていることである。

　第1は「成果開発の要件」である。ここでは全社経営計画、組織目標、上司の指示事項とメンバーの設定した目標のリンク状態や整合性がとれているかをチェックする。

　第2は「成長の要件」である。ここではこれまでの状態と比較すると、どの程度前進する内容であるか、どこが成長ポイントであるかをチェックする。また、

図表4-17　チャレンジングな目標の3要件

◆成果開発の要件	全社経営計画や組織目標とリンクし、整合性がとれた成果を追究しようとしている
◆成長の要件	これまでと比較して前進した成果を追究しようとしている
◆職責の要件	役職や等級にふさわしい成果を追究しようとしている

図表4-18 目標設定内容のチェックシート

目標設定者名 （本　人）	役　職	等　級	級	目標承認者名 （上　司）
以下のチェック項目について『成果目標と行動目標』の内容・実態をふまえてN・O・Eのいずれかを○で囲む。 　N：NG　　　　：再検討 　O：OK　　　　：前進 　E：Excellent　：躍進 ※EはOをクリアしていることが前提で、EともOともいえなければNである。				目標設定会議・面談時の 質問、確認、指摘、指導事項 ※下記欄に箇条書きでメモする。
成果開発の要件　①全社経営計画や上位方針・上位組織目標との整合性がとれているか。 N：より優先すべき重要・重点テーマを見落している。 N：上司が指示した内容、期待する内容がブレイクダウンされていない。 N：一見難易度が高いが、組織の方針に沿わない独りよがりになっている。 あるいは達成しても成果開発（組織貢献度）は弱い。 O：全社経営計画や上位方針・上位組織目標を的確かつ具体的にブレイクダウンしている。（いえなければN） E：全社経営計画や組織目標の中でも今後の成果開発の基軸となる内容といえる。		N　O　E		
②自組織の成果たりうる内容が設定されているか。 N：他組織や他者が取り組む内容（特にスタッフ系は注意）。 N：自組織の責任・権限では達成できない内容（他力本願）。 ※協働目標として設定する場合は除く。 N：目標として取り上げるまでもない日常定型繰り返し業務。 O：状況変化を認識し、自組織に期待される内容といえる。 　　（いえなければN） E：自組織の成果をこれまでになく大きく高める目標といえる。		N　O　E		
③次期以降の成果開発のための中期目標が設定されているか。 ※マネジャーの場合 N：短期目標のみで中期的な目標は設定されていない。				

122

第４章　機能する成果主義人事システムに向けた運用強化のポイント

区分	評価項目	N	O	E
成長の要件	：次期以降の成果開発を促進すると判断できる目標は設定できている。（いえなければN） E：自組織の将来の成果を大きく左右する可能性の高い先行取り組み目標といえる。	N		E
	①本人の前期目標と比較してチャレンジングな目標といえるか（行動目標も含めてチェック）。 N：維持あるいは後退している。過去の繰り返しでできて当然の内容。 O：前進・成長した目標といえる。 E：明らかに飛躍・躍進したチャレンジ目標といえる。	N	O	E
	②行動目標は成果目標を達成するに足りうる内容が設定されているか。 N：成果目標は高いあるいは妥当であるが、行動目標は単なる業務手順の羅列で新規対応課題や改善、強化課題が具体化されていない。 N：これまでに試行がない思いつき、単なる机上の空論であり成果目標の達成の裏付けが弱い。 N：成果目標(目的)＞行動目標(手段)のムリな目標設定と判断される。 O：成果目標と行動目標が混在している。あるいは逆転している。（いえなければN） E：成果目標もさることながら行動目標の挑戦度が極めて高い。例：これまでにない新規技術や新規知識が必要とされ、達成する上でのリスクが極めて高い。	N	O	E
	③目標は達成検証ができるよう具体化できているか（特に定性目標）。 N：目標記述が抽象的、総花的で達成検証不能。 O：達成検証に照らして可能と判断できる内容まで具体化されている。（いえなければN）	N	O	—
職責の要件	①目標設定者本人の職責や役割にふさわしい目標となっているか。 ※成果目標と行動目標を一体にして N：下位者が取り組むレベルにふさわしい目標といえる。 O：本人の職責・役割に照らしてふさわしい目標といえる。 E：上位者が取り組むレベルにふさわしい目標といえる。	N	O	E

本人の前期の目標記述書と当期の目標記述を比較して、その前進度合いを併せてチェックする。

第3に「職責の要件」がある。ここでは職責基準や等級基準と比較して、本人にふさわしい内容かどうかをチェックする。

また、図表4-17の「チャレンジングな目標の3要件」に基づいて作成された「目標設定内容のチェックシート」を図表4-18に示した。目標を設定した本人とマネジャーが共通の視点で目標をチェックするシートを相互検討して作成し、活用すると効果的である。

②目標設定面談の意味づけと面談の進め方

目標管理システムを運用していれば、目標設定面談の実施は当然のことであるが、問題はその運用が適切に行われているかどうかである。適切な運用のためにマネジャーは、以下の3点の意味づけを理解した対応が求められる。

第1に上司とメンバーの認識を一致させる場面である。成果開発に向けて、前記の図表4-17の「チャレンジングな目標の3要件」をベースに的確な目標設定を実現するための話し合いの場面であり、これからを考える大事な場面になる。特に、重点的に取り組む課題や目標に対する認識の違いやズレの調整に注力する。方向性や総論では認識の一致は図れているものの、具体的な内容になると認識の不一致が生じることがよくある。評価時点になって「このような目標では評価に値しない」、「ここまでやらなければならないとは認識していませんでした」では人事評価にならないし、評価の納得も得られない。

第2に知恵の創出の場面である。単純繰り返し業務であれば、遂行ノウハウは明確であり、組織的に共有化もされているが、これまで経験したことがない課題形成や目標設定には、知恵の出し合いが必要になる。そこで、上司は肩書きをはずし、上下関係ではなく、仕事のパートナーとして持てる情報や知恵を出し合い、成果開発に向けた詰めを図ることが重要である。

第3にメンバーへの影響力発揮の場面である。上司の対応が不十分であれば、部下の対応も弱くなり、逆に上司が真剣に対応すれば、メンバーを真剣にすることも可能になる。人事システムの運用について「面倒くさい、手間がかかる」と認識するか、「成果開発のためのマネジャーの重要な役割である」と認識するかが、

システムが機能するか否かの分かれ道になる。また、不十分な目標設定は、確かに本人の問題ではあるが、それを上司が承認すれば、上司にも責任があることを肝に銘じなければならない。

図表4-19に「目標設定面談の進め方」を示したが、そのポイントを確認する。

イ．事前準備

目標設定面談を意味あるものにするためには、事前準備が欠かせない。前記の図表4-18の「目標設定内容のチェックシート」を活用して、面談で質問、指摘、指導、助言すべき点について整理しておくとよい。特に、両者で検討すべき点やメンバーに気づかせる点を面談でどう切り出すかについて、その展開を考えておく。また、メンバーからの質問や要望に対応できるようにしておくことも重要である。

ロ．面談の実施

面談ではまず、重要目標を中心にメンバー自身に説明させる。このとき「目標設定内容のチェックシート」の視点から、目標の妥当性を説明させるとよい。また、成果目標だけではなく、行動目標についても十分に説明をさせる。

次に、上司が事前準備で整理した事項とメンバーの説明に基づいて目標内容を検討し、質問点や指導すべき点について率直にメンバーに投げかける。一方、メンバーの考えや意見については、本人の表面的な言葉だけでなく、感情面や本音の部分についても注意深く傾聴する。

目標に関して意見の食い違いが生じた場合、上司は強引に自分の意見を押し通そうとせず、どこに問題があるのか、その根拠と修正ポイントについてメンバーを納得させるリードが必要である。どうしてもコンセンサスが得られない場合は、無理に結論を出さずに、いったん時間をおくことも1つの方法である。後日、再考し、話し合うことでスムーズな展開も期待できる。

③マネジャーの組織目標は会議で相互チェック

メンバーの個人目標の事前調整についてポイントを確認してきたが、マネジャーの所管する組織目標の事前調整も基本的には同様の方法で実施する。ただし、組織目標の事前調整は、会議形式での相互チェックが望ましい。なぜなら、マネジャーの組織目標の場合は、今後の成果開発に向けての方針の徹底、情報の

図表4-19　目標設定面談の進め方

ステップ	ポイント
1. 事前準備	(1)準備：目標記述書の事前提出と内容チェック 　★必要なツール 　　①全社経営計画、組織目標：経営計画や組織目標との整合性をチェック 　　②前期のシート：前期と当期の設定内容の違い、成長度をチェック 　　③職責基準、等級基準：本人の資格等級にふさわしい目標かをチェック (2)上記準備に基づき内容のチェック実施と質問、指摘、指導すべきポイントの整理 　　①良い点　②不具合点　③質問、確認点　④上司としての期待内容　⑤指導事項
2. 面談の実施	(1)設定者本人がまず内容を説明 　　①改善・強化ポイント、成長ポイントは何か、前期と比較した前進部分等を説明する。 　　②自組織や自分の職責や等級にふさわしい部分はどのような部分かを説明する。 (2)上司による質問、指摘、指導および本人に対する期待の明示 　　①事前準備で整理したポイントおよび本人の説明に基づいて内容の検討を実施。 　　②内容の検討と合わせて、本人の日常の業務遂行状況や悩み、要望等もヒアリング。 (3)不十分と判断する内容については、その根拠と修正ポイントを示し、差し戻し修正の指示 　※時間がないからと安易に承認するのではなく、お互いの納得が得られるまで繰り返し対応。 (4)面談を通じて確認された重要・重点ポイントについて再確認

◆事前準備の留意点
①予め、面談で話題にすべき点、本人に気付かせる点、反省させるべき点また、日頃のメンバーからの意見具申があれば、その対応策等について十分考えておくことが大切である。
②上司としても反省すべき点（指導面、フォロー面等）は反省することが必要である。
③本人の目標が組織目標や上司の期待に合致しているか、職責や等級から見てふさわしいかを十分に検討し、合致していない場合は、本人に対してどのような指導や助言を実施することが必要かを検討する。

◆面談実施の留意点
①メンバーに取り組ませようとする目標や業務について、上司とメンバーのギャップを埋める事が大切である。外部環境、内部環境、組織事情等をメンバーが理解できるよう具体的に説明する。
②本人のキャリア開発の希望を聞くことが重要である。特にその背景にある本人の意識、考え方を理解するよう注力する。本人の『夢』と『希望』の裏付けとなる自助努力を見定めて、努力を欠いた安易な希望か否かを判断、指導助言することが必要である。
③往々にしてプライベートな論点に入ることもあるので、面談時の記録としてコメント記入する場合は、細心の注意を払う必要がある。
④職務遂行状況、健康面や将来の設計については上司として、日頃の接触で認知しているかもしれないが、兆しを察知して、素早く、核心部分を引き出すことが最大の問題解決方法である。
⑤職務の進捗状況やアウトプット、成果物の提出については自主的に逐次上司に報告・連絡・相談するよう徹底を図っておく。評価は受け身ではなく、アカウンタビリティが大事である。

共有化や知恵の創出を優先するからである。参考までに図表4-20に「面談方式と会議方式のメリット・デメリット」を整理した。

図表4-20　面談方式と会議方式のメリット・デメリット

	面談方式	会議方式
メリット	・他者の前では、話せない内容について話題にすることができる ・個別指導や本人の本音を把握しやすい	・新たな発想や視点での議論が促進される ・一度に主旨の徹底が図れ、情報の共有化がしやすい ・目標の共有化が可能
デメリット	・上司と部下の2人の間だけの閉ざされた議論になりがち。目標の共有化が困難 ・メンバー全員に共通に伝えたい事項がある場合、何回も同じことを言わなければならない	・発言しない人の考えを把握することができない ・個別指導や本音を聞き出しにくい

（6）能力開発目標の設定

　成果主義の時代は能力開発も自己責任である、といった誤解が見られる。また、能力開発目標を設定していても、自己啓発目標になっており、本人の業務に直接関係のない目標設定も見られる。主体的に能力開発に取り組むことは重要であるが、本人任せでは不十分である。

　環境変化に対応するために新たな取り組みをして新たな成果を生み出すことが期待されるわけであり、そのためには新たな知識、技能や技術の修得が求められる。たとえば、今後、国際会計基準に対応した会計処理の実施が予測されるとすると、経理部門のスタッフとして、これまでの財務や会計に関する知識をいくら豊富に持っていても対応できない。新たに国際会計基準に関する知識の習得が必要になる。このように、今後の成果開発に向けて必要な能力開発課題を目標設定し、意識化して、その実現に向けた計画的かつ組織的な取り組みが不可欠になる。

　能力開発目標を設定する視点は以下の2点である。

①職責に見合った目標とする

　「マネジャーの能力開発」と「メンバーの能力開発」には根本的な違いがある。マネジャーにはメンバーを育成する役割がある。もし、マネジャーの目標の下に、メンバーが成長するための施策を設定し実行した場合は、その行動はマネジャーの成果と見ることができる。このようにマネジャーの場合は、「メンバーの能力開発支援」のための目標設定が適切である。

　また、部長クラスが「プレゼンテーション能力を高める」といった能力開発目標を設定したとすれば、職責からすると不十分な内容である。部長クラスであれば「中期的な人材育成構想の策定と実施」といった、その職責に見合った目標を設定することが当然である。

②成果開発につながる目標とする

　組織における能力開発目標であれば、「成果開発を促進する上で必要となる能力を向上させるための目標」となる。たとえば「中小企業診断士の通信教育を終了する」という目標は、本人の個人的な中長期的キャリア開発目標ならば問題ないが、組織における成果開発を促進する能力開発目標とはいえない。マネジャーは、メンバー各人に期待する中長期的成果と短期的成果を想定し、メンバー各人がその達成に必要な中長期および短期の能力開発目標を設定することを支援することが必要である。

第4章　機能する成果主義人事システムに向けた運用強化のポイント

第3節　成果創出プロセスにおける運用強化

(1) 成果創出プロセスにおける運用の形骸化

　事前調整を通じて目標が最終承認されれば、次は成果開発に向けて最も重要な日々の取り組みを通じた成果を創出する段階に進む。

　ところが前述したように、運用実態を見てみると予算編成に基づいて設定された財務目標は、日々の進捗確認を実施しているものの、施策目標に関しては進捗確認が不十分な運用が見られる。

「日常業務が忙しく目標に取り組む暇がない」

「忙しくて進捗確認をやっている時間がない」

「人事評価のときに確認すれば済むことで、忙しい中で形式的な進捗確認の実施は意味がない」

といった声が聞かれる。このように目標設定は実施しているものの、もっとも重要な成果創出のプロセスにおいて運用が形骸化しているケースが多く見られる。

　運用が形骸化する理由は複数挙げられるが、第1に人員不足の中で、当初から取り組むことが物理的に無理な目標を設定している場合がある。

　第2に本人の職責や等級をふまえた重要職務に関するテーマが目標になっていない。つまり、主担当職務と目標がミスマッチしている。

　第3に査定のツールとしてしか認識していないため、進捗確認を実施する意味を理解していない。

　第4に緊急度が高い日常業務の遂行に終始してしまっている点などが挙げられる。

　第1の理由の場合は、人員を増員するか、実態に合わせた目標の修正が必要になる。

　第2の理由の場合は、本人にふさわしい目標の設定が必要になる。

　第3の場合は、査定ツールとして機能するだけではなく、成果開発のためのマネジメントシステムである点を再認識させる必要がある。

第4の理由については、重要度と緊急度を比較すれば、緊急度が高い仕事を優先すべきであることは否めない。たしかにバブル崩壊後、多くの企業が人員削減と少数精鋭化を進めてきたため、一人ひとりの仕事の負荷が増えている現実がある。

　このような中で、緊急度が高い日常業務であることが大義名分となって、本来の役割である成果開発から無意識に逃げている面があることも否定できない。なぜなら、成果開発を促進する創造的業務には、新たな思考や取り組みが必要であり、負荷がかかるからである。緊急度が高い日常業務は、遂行ノウハウが比較的明確であり、これまでの経験の蓄積で対応でき、ある意味では楽な側面がある。これに対して、創造的業務は遂行ノウハウが不明瞭で、考える時間も必要であり、所用時間や最終結果が読めない仕事になる。日常業務の多忙を理由に、目標に取り組まなくても済まされれば、楽な道を選ぶ者も出てくる。目標の進捗確認が不十分であったり、総合評価のもとに目標に対する成果の評価があいまいになっていたりすれば、運用は形骸化してしまう。

　したがって、日々の職務遂行の中で、意識して目標に取り組ませるための組織的な対応が必要になる。たとえば、業務多忙といった時間的な問題を解決するには、日常定型業務は派遣社員、パート社員、アルバイトにシフトする。さらに、一括したアウトソーシングによって、正社員は付加価値を生む仕事にシフトさせることも組織的な対応として考えるべきである。

(2) 履歴管理の事例

　設定した目標に対して予定通り進んでいるかどうか状況を確認して、期中にメンバーに対して必要な対応や指示・命令を行うことを一般に「進捗管理」という。ところで「目標＝仕事のすべて」ではなく、「目標からの成果＝成果評価」でもない。つまり、目標に関する成果は重要度の高い仕事のいくつかの成果であって、すべての仕事の成果ではない。もちろん、重要成果である目標については重点管理をして評価する際のウエイト配分も高くなるが、目標についてだけ進捗管理をしていればよいわけではない。メンバーには、目標のほかにも果たすべき役割や取り組むべき担当職務があり、これらの側面についても状況把握が必要である。

こうした中で、環境変化が激しく、またその変化のスピードが速い現在、職務遂行プロセスにおいて目標の軌道修正、追加や飛び込みの仕事など、期初に想定しなかった取り組みが必要になることも日常茶飯事である。また、取り組みプロセスを通じて当初想定していなかった成果や派生的な効果が生まれることもある。成果評価の運用原則はこれら日々の職務遂行を通じて、「組織貢献した事実・組織貢献が不十分であった事実」を把握して評価することである。

そこで評価対象期間内において目標の進捗管理を実施するだけでなく、日々の職務遂行を通じて組織貢献した事実や、逆に不十分であった事実の把握が必要と

図表4-21　履歴管理で把握した事実例

開発部門リーダーの例

履歴管理する側面		期初の想定	履歴管理によって把握した事実
目　標	1	新商品Aの開発	新商品Aの開発は、新技術が必要な高いレベルのテーマであった。当初社内だけでの開発予定であったが、期中においてグループ企業B社と協働開発することになった。そのリーダーとしてリーダーシップを発揮して、さまざまな障害を克服したが、若干当初計画より遅れてしまった。
	2	大阪支店と連携した展示会での新提案	従来の展示会は、支店からの個別要望に基づきバラバラの対応であったが、効率が悪く、組織的なフォローが弱かったため、統一コンセプトを打ち出し、全社的な販促体制を構築し、展示会を成功させた。営業部門の担当者からも好評であった。
	3	メンバーCさんの育成	Cさんの育成は一部に不十分な面があった。一方、期中、中途採用のDさんが入社し、即戦力として活用するためにDさんの育成も任された。Dさんについては予定通り指導・育成した。
目標の追加		※期初には想定できていない	トップより、今年度中に次世代商品の構想を役員会答申するよう突然の指示があり、追加目標として設定し、構想案をまとめあげ役員会答申をした。これに対して、斬新さに欠けるとして、再検討の指示があった。
目標以外の担当職務			営業担当の対応ミスから大口顧客のクレームが発生し、一時は競合他社に受注を奪われそうになったが、営業担当と連携してクレーム解決に取り組み、トラブルの解消と受注獲得に貢献した。
			定例ミーティングにおいて、複数の視点から創造的な意見や提案をし、開発部門の業務効率化に貢献した。

［注］目標は簡略化しテーマのみの記述としている。

なる。この対応が第3章で解説した「履歴管理」である。図表4-21では履歴管理で把握した事実例を挙げている。

たとえば図表4-21における「目標1：新商品Aの開発」は、社内での開発が予定されていたが、グループ企業との協働開発に変更になった。その変更に併せて当初想定していなかったさまざまな障害が発生した。これらの障害に対してリーダーシップを発揮して克服した事実は高く評価できる。単に新商品Aの開発が若干遅れたからといって単純にマイナス評価にするわけにはいかない。また、「目標1：新商品Aの開発」に関する実際の評価は、「開発の若干の遅延が、今後の展開に向けて致命的なのか、それともそれほどの影響はないのか。発生した障害の内容は、どの程度のものであったか」を勘案して評価をする。数値や客観的データに基づき達成度で機械的に評価できるケースは限られている。個別に設定する目標の多くは、人事評価者が事実を把握して、「その事実の持つ価値」をくみとって貢献度を判断することに人事評価の本質がある。

(3) 履歴管理の運用

①履歴管理は定例会議で実施

履歴管理はマネジャーによる成果創出状況の把握がそのポイントである。目標設定と同様に面談形式での対応が一般的であるが、日常のマネジメント以外で時間を確保して実施しなければならない特別なものといった認識になりがちである。履歴管理は特別なことを実施するのではなく、マネジャーの役割であり、その日常化がポイントになる。

日々の職務遂行の中で履歴管理を実践するためには、日々の定例会議の中に組み込むことが効果的である。業種や状況によって異なるが、最低、四半期に一度は定例会議の場で、目標および重要職務に関する成果創出状況を本人から報告させ、相互確認する。これに対して上司は必要な指導・助言を実施する。個人の評価に関する事項については会議の中では触れられないが、履歴管理は査定のための情報収集だけが目的ではなく、成果開発に向けての状況把握と今後の対応課題の検討場面であり、会議形式での運用が可能である。

このメリットは、上司だけでなく、会議で職場のメンバーに対して自分の目

標や重要職務の進捗状況を報告しなければならないことが、よい意味でのプレッシャーになり、メンバー個々人の真剣な取り組みが促進されることである。報告内容について上司だけではなく、メンバー相互に質問、指摘、助言を通じて、新たな気づきや今後の取り組み課題が顕在化する相乗効果が生まれ、情報の共有化も促進できる。その結果、組織における自分の役割が再認識できる。さらに上司の指示・命令も、一度に全体に対して浸透させることが可能になり、個別面談での対応よりも時間的負荷が軽減できる。

　もちろん、どうしても個別指導が必要である場合や、他者の前では話せない本音を把握する必要性も生じるわけであり、そのような場合は、個別面談で対応すればよい。いずれにしても、特別な運用ではなく日常化を図ることが、履歴管理システムを機能させる大前提となる。

②自己説明責任（アカウンタビリティ）でメンバーの自立を促進

　人事評価は評価者である上司が、被評価者である部下の職務活動の事実を把握して評定する（例：ＳＡＢＣＤを決定する）仕組みである。この関係においては、部下は「一生懸命に仕事をしていればきっと上司は見ていてくれて、評価してくれるはず」という期待のもとに職務遂行する受け身の姿勢に陥りがちである。目標管理と人事評価をリンクする以前の「仕事の質」や「仕事の量」を評価項目とし、上司がどのように認識したかで評価する仕組みのもとでは特にその傾向が強かった。

　これに対して成果主義では、あらかじめ上司と部下の間で、何を仕事の成果とするかについて目標を設定して顕在化し、共有化している。仮に目標を契約にたとえれば、期初に目標達成の受発注契約を結んだことになる。受発注契約では、仕事を受注した部下本人が、仕事を発注した上司に対して責任をもって納品する。言い換えれば、期中において部下本人から上司に対して主体的に目標に関する成果創出状況の報告・連絡・相談をすることが当然のことになる。つまり、自己説明責任が問われるのである。

　また目標の進捗は、すべてが当初描いたシナリオ通りに進むわけではなく、状況の変化に対応しながら軌道修正をする。その結果、当初想定していなかった成果や派生的な効果による「組織貢献した事実」も生じることがある。これらの「組

図表4-22　成果報告シート(アカ

	課題[テーマ]	成果目標	行動目標	第1四半期（　月　日　記述）
1				
2				
3				
4				
目標の追加				
	上記以外で組織貢献した成果・行動			

［注］ポジティブ情報は黒字で、ネガティブ情報は赤字で入力する。

第4章　機能する成果主義人事システムに向けた運用強化のポイント

ウンタビリティ・シート)

所属:　　　役職:　　　等級:　　　氏名:

第2四半期（　月　日　記述）	第3四半期（　月　日　記述）

織貢献した事実」について、上司は常に部下を見ているわけではなく、認識していないケースも多々生じるのが実際である。しかし、本人からすると、「当初予定した目標がどこまで達成できたかの結果しか評価してもらえない。状況が変化する中でリーダーシップを発揮し、メンバーに的確な指示を与えたことによって障害やトラブルを解決したのに。このような組織貢献は無視するのが成果主義なのか」という否定的な意識につながりがちである。

　このような不満に対しては、評価は与えられるものではなく、自己説明責任を果たすことによって、自分で証明するものであることを認識してもらわなければならない。人事評価は受け身の仕組みからメンバーの主体性や自立性を高める仕組みへと転換するとともに、上司が認識していない「組織貢献の事実」を上司に伝えることができるものとなる。本人の主体性の追究によって、成果開発を促進するとともに、「組織貢献した事実」の共有化が促進されるのである。もちろん、メンバーが報告することをすべて鵜呑みにするわけではなく、評価に値する事実か否かは上司が判断しなければならない。

　この点については、被評価者であるメンバーに対しても説明しておく必要がある。成果主義の考え方を理解せず、自分が任された目標や仕事について報告・連絡・相談もしないで、上司の評価に対して被害者的な不満をいうような状態はなくしていかなければならない。

　ここでは、自己説明責任を追究している事例を紹介する。事例企業の業種は営業系であり、全国展開しているためにメンバーは常時出張しており、上司と部下とが打ち合わせをする時間もなかなかとれない状況である。同企業は3月決算であり、目標設定期間は事業年度とリンクして1年である。また、目標に関する最終成果は目標設定シートの最終成果報告欄に記述している。これに対して中間報告は、図表4-22の「成果報告シート（アカウンタビリティ・シート）」を活用して、第1四半期・第2四半期・第3四半期のそれぞれの終了時にメンバーから上司に行っている。

　中間報告は、まずメンバー本人が目標ごとに、順調に進んでいる内容は黒字で、当初の計画より遅れているものや、阻害要因が発生したといったネガティブ情報は赤字で入力する。また、履歴管理の視点から目標以外でも組織貢献した成果や行動があれば記入し、上司にメールで提出している。目標以外の組織貢献する成

果についても、期中に上司と部下の間で確認し、その都度、共有化している。

これに対して上司は、メールで送られた成果報告シート（アカウンタビリティ・シート）の内容を確認し、メンバーに対してコメントを付してメールで返信している。中でもネガティブ情報が多いメンバーに対しては携帯電話で連絡をとり、スケジュールを調整して個別面談でフォローをしている。上司は常時出張しているため全員に個別面談することは時間的に無理であり、目標達成が危ういメンバーに対してのみ重点的にフォローを実施している。このように直接、顔を合わせられないような場合は、ＩＴツールの活用によってフォローすることも有効である。

さらに四半期に一度の定例会議では、「①履歴管理は定例会議で実施」の項で述べたように、メンバーそれぞれが主体的に成果の創出状況を報告し、相互検討や情報の共有化を図っている。この場面は査定のためではなく、成果開発に向けた知恵の出し合いの場として機能している。

③人事評価は期中に実施するもの

履歴管理が成果開発に向けたマネジメントとして機能している事例を紹介したが、効果はそれだけではない。成果創出の事実を期中に相互確認し、共有化することによって人事評価の精度向上につながっている。人事評価のために運用を強化するのではなく、成果開発のための運用強化が、人事評価の精度アップにもつながっているのである。この点から、人事評価は期末になって初めて意識するのではなく、期中の事実確認が重要であることが指摘できる。

この点をマネジャーに対して認識させることが重要になる。たしかに、最終評定（例：ＳＡＢＣＤ）は、評価対象期間が終了した時点で決定されるわけであるが、評価のための事実押さえは期中に実施しておくべきである。予算管理にたとえれば、期中において月次決算や中間決算を実施しているからこそ、弾力的な軌道修正や必要な対策を打つことができ、年度末決算も早く、正確に処理できる。ところが、形骸化した人事評価は目標設定や履歴管理が不十分で、最終評価の時点になって初めて事実確認の面談を実施するため、不十分な運用に陥ってしまうのである。

一方、運用シートの工夫も必要である。目標設定・中間報告・成果評価を１枚

のシートで運用しているケースが多いが、メンバーの自己説明責任（アカウンタビリティ）を追究し、成果創出の事実を共有化するためには、メンバー自身が記入するスペースを十分設けたフォーマットでの運用が必要である。これは決して精緻なものにするのが目的ではなく、フリーに記述できるようにしておくことがポイントである。

④目標の変更と追加

　一度設定した目標は安易に変更してはならない。しかし目標は仮説であり、実際の取り組みを通じて発見や気づきが生まれる。また、変化の激しい中で、企業は変革のスピードアップが求められており、このような状況では期初に設定した目標を修正しなければならないケースが生じることもあり得る。目標は安易に変更してはならないからといって、目標の変更を全く認めないのは現実的ではなく、変化への対応を遅らせることにもなる。変化に柔軟に対応するためのシステムが硬直的になってしまっては意味がない。

　目標を変更する場合、上司と部下による相互検討と合意が必要であり、全社経営計画に基づく全社的テーマのような場合には、さらに上位者の承認が必要になる。また、目標を変更する場合、主に次の2パターンが挙げられる。

　第1に、設定した目標自体の内容を変更したり、削除したりする場合である。この場合は、設定した目標の成果目標や達成時期などの内容を変更する。また、取り組む必要がなくなった目標は削除する。削除した場合は、その目標に代えて、新たな目標を設定する必要がないか併せて検討し、必要に応じてウエイトを見直す。

　第2に、既存の目標に加えて新たな目標を追加する必要が生じた場合である。この場合は、目標を新たに加えて、目標全体のウエイトの見直しをする。また、目標が多くなり、他のメンバーとのバランスがとれない場合は、優先順位の低い目標を削除するといった対応も必要になる。

　さらに、期初の目標設定時に、なぜ目標の変更・削除・追加が必要になることが予測できなかったのか、目標設定時の検討が不十分ではなかったかを振り返り、次の目標設定に活かさなければならない。

　また、目標には成果目標（ゴール）と行動目標（ハードル）があることをすで

に解説したが、行動目標は成果目標を達成するプロセスにおいて解決すべき課題である。したがって、日常の取り組みを通じて設定した行動目標では成果目標の達成が困難であると判断すれば、目標設定者本人が主体的に見直さなければならない。見直し内容については、定例会議や必要の都度、上司への報告・連絡・相談で対応する。

第4節　成果評価プロセスにおける運用強化

（1）成果評価の2側面と主な活用

　期初に期待する成果を明確化し、期中において創出した成果の事実を最終的に総括する段階が成果評価である。成果評価には図表4-23で示したように2つの側面がある。

　第1の側面は「検証評価」である。検証評価とは目標や重要職務に対する取り組みやその成果をふまえ、どこが良くて、どこが不十分であったかを分析し、不十分な点については反省をして次期の目標設定、重要職務や人材育成に活かすことである。図表4-23の「See → Plan（next）」をつないで成長を促進させる取り組みであり、「成果開発」に向けての運用の側面に当たる。

図表4-23　人事評価の2側面（検証評価と査定評価）

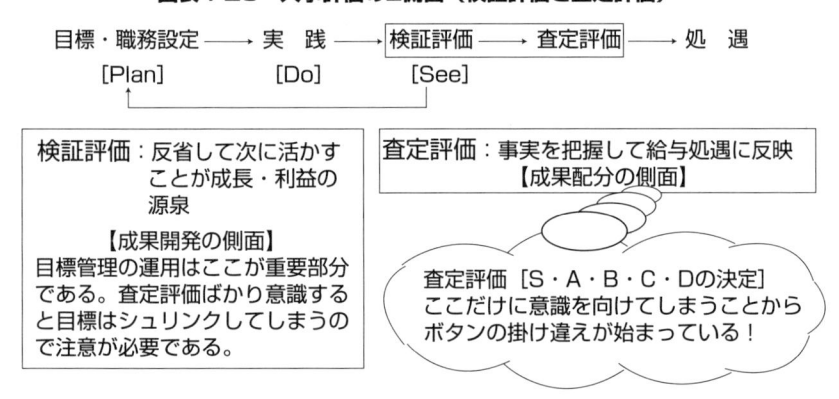

目標・職務設定 ── 実　践 ─→ 検証評価 ─→ 査定評価 ── 処　遇
　　[Plan]　　　　　[Do]　　　　[See]

検証評価：反省して次に活かす
　　　　　ことが成長・利益の
　　　　　源泉
【成果開発の側面】
目標管理の運用はここが重要部分である。査定評価ばかり意識すると目標はシュリンクしてしまうので注意が必要である。

査定評価：事実を把握して給与処遇に反映
【成果配分の側面】

査定評価［S・A・B・C・Dの決定］
ここだけに意識を向けてしまうことから
ボタンの掛け違いが始まっている！

　また、図表4-24に「成果評価の主な活用」を示したが、③異動・配置、④役職任用、⑤昇格審査に直接的にかかわるのは経営層や人事部門である。マネジャーやメンバーが運用の中で直接かかわる部分は、①組織と個人の成果開発と②人材育成、能力開発に向けて反省して次に活かす部分だけであり、この点を意識して取り組むことが求められる。

第4章 機能する成果主義人事システムに向けた運用強化のポイント

図表4-24 成果評価の主な活用

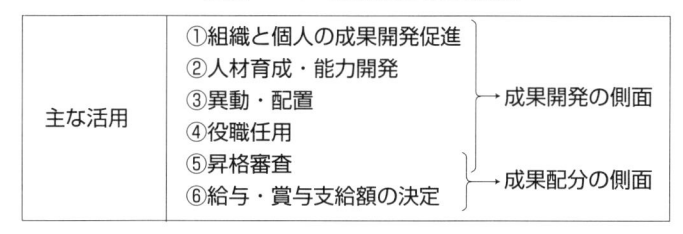

主な活用	①組織と個人の成果開発促進 ②人材育成・能力開発 ③異動・配置	→成果開発の側面
	④役職任用 ⑤昇格審査 ⑥給与・賞与支給額の決定	→成果配分の側面

　第2の側面は「査定評価」である。査定評価とは給与処遇へ反映することを目的にして評価結果の総合評定（例：ＳＡＢＣＤ）を決定することであり、「成果配分」に向けての運用の側面に当たる。主な活用は図表4-24の⑤昇格審査、⑥給与・賞与支給額の決定であるが、⑤昇格審査は、昇格によって処遇が高まるため成果配分の側面を持つとともに、昇格によって一段高いレベルでの成果や職務遂行を求める成果開発の側面もある。給与処遇だけ高くなり、遂行している仕事が従来レベルでは困る。

　成果評価はこの2側面のどちらも重要であり、的確な運用が求められる。第4章の冒頭で、成果主義人事システムを成果配分のツールとしてしか認識していないことは問題である点を強調したが、成果評価も「査定評価」の側面しか認識されていないことが多い。「検証評価」という成果開発に向けての運用を見失ってはならない。

（2）履歴管理をベースにした貢献度評価

①絶対評価の前提条件

　目標の評価は、絶対評価を前提に目標に対する達成度で評価するものという認識が一般的である。「絶対評価」とは、一定の基準や期待度を明示して、ある人の職務活動をそれと比較して評価する方法である。たとえば、5等級の社員は「5等級の等級基準にふさわしい職務遂行が期待され、等級基準にふさわしいレベルの目標を設定し、その達成度で評価される」という考え方である。

　一方、「相対評価」とは、評価対象者を相対化して序列化していく方法である。目的はメンバーの成果や能力に序列をつけることであるが、絶対評価のように

期待される基準を満たしたのか、そうでないのかが不明確であり、成果開発や人材育成に向けての情報も得られにくい。また、優秀なメンバーがそろったグループでは不利になるし、そうでないメンバーがそろったところでは有利になるデメリットがある。したがって、人事評価は絶対評価が基本とされているわけである。

ただし、絶対評価をするためには前提条件がある。等級基準にふさわしい目標が合理的に設定されていることである。組織的に検討され、統一の基準で合理的に設定された目標であれば達成度で評価できる。

これに対して、上司と部下間の話し合いで設定する個人の目標にはバラツキが生じる。問題意識の高い人は高いレベルの目標を設定し、問題意識の低い人は、本人の役割や等級基準からすると低いレベルの目標を設定する。日常の運用ではよく見られる現象である。このバラツキを目標設定会議や面談で修正をするわけであるが、現実の運用の中で、完全にレベルをそろえることには限界がある。

このような状態の中で達成度評価を機械的に実施すれば、高い目標を設定した人は不利になり、低い目標を設定した人は得をすることになる。個人差はあるにしても、人には「辛いことよりは楽なことを選ぶ」、「リスクが高いこと、困難なこと、あるいは責任が重いことは避けたがる」という心理的側面がある。運用に失敗している企業の中には、成果評価の仕組みを導入したことによって、全体的に無難な達成しやすい目標設定に陥ってしまい、本来促進すべき成果開発体制が脆弱になってしまったところも見受けられる。

②絶対評価＋貢献度評価

そこで、成果評価は単純に達成度で評価する運用ではなく、「貢献度」も加えて評価する考え方にシフトする。貢献とは「自分の職責や等級をふまえて、成果開発に向けて力をつくして寄与したり、役立つことを実践したりすること」である。たとえば、その人の等級からすると高いレベルの目標を設定し、その達成に向けて新たな知識や技術を修得した。また、新たな取り組みをし、ある一定の成果を生み出したが「成果目標」までは到達できなかったとする。この場合、実際に取り組んだ内容と生み出した成果を確認し、組織貢献した事実があれば、その内容に応じた評価をする。逆に無難な目標設定であれば、いくら目標を上回っても貢献度からすると標準評価にしかならないケースも生じる。図表4-25は貢献

第4章　機能する成果主義人事システムに向けた運用強化のポイント

図表4-25　貢献度評価の概念図

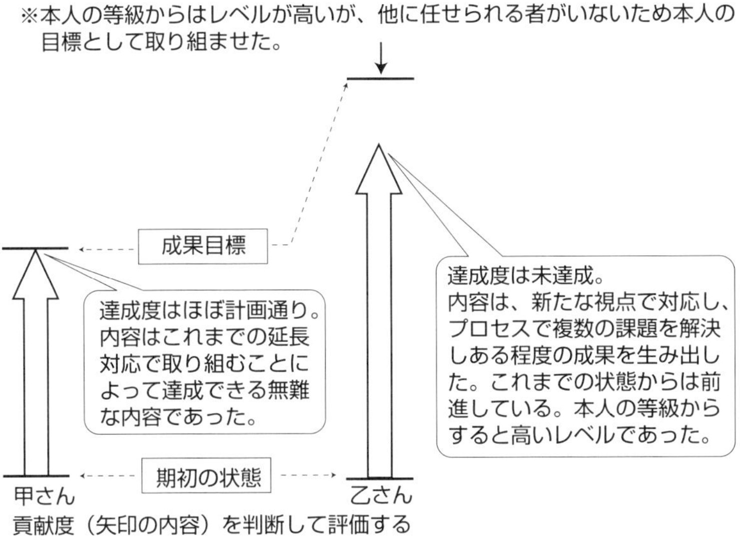

※本人の等級からはレベルが高いが、他に任せられる者がいないため本人の目標として取り組ませた。

甲さん：達成度はほぼ計画通り。内容はこれまでの延長対応で取り組むことによって達成できる無難な内容であった。

乙さん：達成度は未達成。内容は、新たな視点で対応し、プロセスで複数の課題を解決しある程度の成果を生み出した。これまでの状態からは前進している。本人の等級からすると高いレベルであった。

成果目標／期初の状態

貢献度（矢印の内容）を判断して評価する

度評価の概念図である。

　このように、従来の延長で無難な目標を設定して達成したから良い評価がもらえるのではなく、新たな視点や発想で試行錯誤しながら成果開発に取り組み、これまでの状態を前進させた事実を評価する。このような趣旨を組織的に徹底することが重要である。貢献度評価によって、組織貢献している社員の納得性を高め、無難な目標設定に陥っている状態があるとすれば、そこからの脱却を図らなければならない。

　では、どのような方法で目標に関する貢献度評価を行えばよいのだろうか。ここでは「検証評価」と「査定評価」に分けて考える。

　まず「検証評価」とは目標のレベルにかかわらず、その達成度を絶対評価する。そして、取り組みや成果をふまえ、どこが良くて、どこが不十分であったかを分析や反省をして、次期の目標設定や人材育成に活かす。どんなに高いレベルの目標であっても、目指した以上は目標に対してどこまで達成できたのか、あるいはできなかったのかを検証して次に活かすことが今後の成長に向けて重要である。

　これに対して、給与処遇へ反映する「査定評価」で貢献度を意識する必要がある。合理的に目標が設定され、期中に何の状況変化もなく、当初の目標に対する

143

達成度で評価したとき、それが貢献度評価とイコールであれば達成度評価でよい。決して、達成度評価を否定しているわけではない。これに対して、目標レベルの高低、期中の状況変化、当初想定していなかった取り組みやそれに派生した成果や効果があった場合は、それらをふまえて評価する。

この場合、2つの方法がある。第1の方法は目標の達成度評価に対して、履歴管理により貢献度を加味して加点または減点するという方法である。

この方法は、従来、実施されている「難易度評価」と同じではないかと受け止められるかもしれないが、貢献度と難易度は異なる。難易度は難しいか易しいかの視点である。いくら難しいことに取り組んでも、成果開発に向けて組織貢献をしなければ意味がない。意外なところから意外な発見があることを「瓢簞（ひょうたん）から駒」という。また「一見、簡単そうに見えても初めて行うのは難しい」ことのたとえとして「コロンブスの卵」という言葉があるが、実際にやってみなければわからないのが現実であり、貢献度評価は実際に取り組んだ事実とその意味づけを把握して評価する考え方である。

ところで、難易度評価を目標設定時に判定しておくという運用が見られる。環境の変化が少なく、これまでの蓄積をベースに達成できる目標であれば、目標設定時にその難易度を見極めることができるかもしれない。しかし、変化の激しい中では、難易度の事前判定は困難なことであり、実際の運用を見ると感覚的に実施しているケースも多く見られる。目標は仮説であり予測が含まれるが、事実は1つである。取り組む前に目標について難易度を判定するよりも、取り組んだ事実について貢献度を判定する。つまり、事実を追究する仕組みのほうが合理的である。

第2の方法は加点・減点ではなく、貢献度を総合的に判断する方法である。図表4-21「履歴管理で把握した事実例」をもう一度ここで確認するが、たとえば、新製品Aの開発は計画よりも遅れて若干未達成であったが、取り組み内容は、

　イ　新技術を必要とする高いレベルのテーマであったという事実
　ロ　当初想定していなかったグループ企業B社と協働開発することになったことへの対応の事実
　ハ　リーダーとしてリーダーシップを発揮してさまざまな障害を克服した事実

をふまえると、組織貢献度は高い。

開発計画の遅延は今後の展開の中でカバーできる程度のものであると判断できれば、総合的には高く評価する。また目標の追加例のように、期初には想定していなかったテーマを期中に新たに追加した場合も同様に評価する。さらに期初には想定できなかった職務遂行のプロセスにおける組織貢献の事実については、目標外の成果として総合的に評価する。もちろん、その反対に目標に関しては成果を出したものの、日常職務の遂行を怠って企業や組織に問題をもたらした事実があれば、マイナス要素として総合的に評価する。

いずれの方法についても、当初の想定通りにものごとが進まない現在の経営環境においては、期中の履歴管理をベースに評価時点での成果の貢献度をとらえた判断が必要になる。どのような仕組みにしても、運用が重要であり、貢献度評価を目標未達成の救済措置にしてはなんの意味もなくなってしまうことに十分留意しなければならない。

(3) クロスレビューで評価の視点のケタ揃え

一般に、評価は一次評価者と二次評価者の縦のラインで個別に検討し、最終評定（例：ＳＡＢＣＤ）を決定する。これに対して、クロスレビュー（相互評価）は、図表4-26に示すように、複数の一次評価者とその上司である二次評価者が一堂

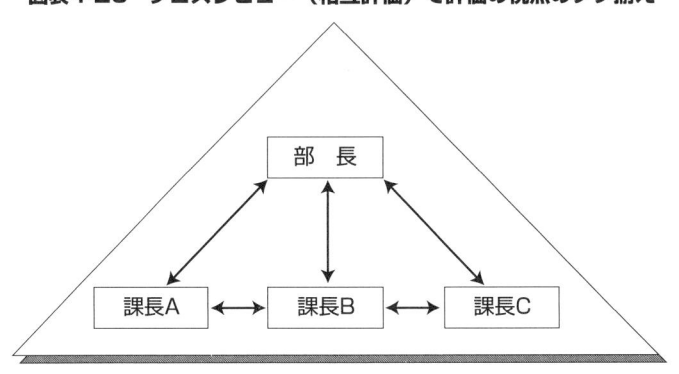

図表4-26　クロスレビュー（相互評価）で評価の視点のケタ揃え

```
              部　長
           ↙   ↕   ↘
      課長A ⇔ 課長B ⇔ 課長C
```

二次評価者の部長と一次評価者の3人の課長が一堂に会する会議形式で、評価内容について、相互チェック、助言、意見交換を行う

に会する会議形式で行う。そして、一次評価者相互のメンバーの評価について事実確認をしながら相互チェック、助言、意見交換をする方法である。

成果評価の特徴は、人物を評価するのではなく、事実をふまえて貢献度を判断することであり、目標に対する遂行の事実が確認できれば被評価者の名前を伏せていても評価が可能な側面がある。メリットは、相互チェックを通じて評価者間の評価のバラツキを圧縮することが可能であり、人事評価に対するマネジャー相互の理解促進と共通認識の醸成につながる。

たとえば、一次評価者がA評価と判断したのに対して、二次評価者はB評価と判断した場合を考えよう。このとき、二次評価者が一方的にB評価に修正するのではなく、クロスレビュー会議の場でなぜB評価と判断したのかその根拠について、評価者相互の意見調整を通じて、一次評価者に納得させることが可能になる。

また、この場面が実際の評価実例を取り上げた評価演習にもなる。事例研究の蓄積によって、マネジャー間における評価の視点のケタ揃えが進むのである。評価は個人の偏った主観では困るが、最終的には「組織の主観（主体的な判断）」になる。また、組織規模が大きく、被評価者が多く全員についてすり合わせが困難な場合は、図表4-27の「被評価者が多い場合の実務対応」を参照されたい。

図表4-27　被評価者が多い場合の実務対応

被評価者の人数が多い場合、実務上、全ての被評価者の内容について相互チェックすることは困難であり、重点チェックする

⇓

①S評価候補、C評価候補、D評価候補について
②たとえば、A評価とB評価といった、評価のボーダーラインにいるメンバーについて
③特に問題がある場合や判断に迷う場合について
④総合評定で調整した場合について

さらに、被評価者にとっても、複数の評価者が自分の成果について相互検討して評価の精度を高めていることが理解できれば、フィードバックを受けた際の納得性向上にもつなげられる。

一方、クロスレビューの機能は単なる査定のバラツキを小さくするだけではない。今後のメンバーに期待する目標や仕事の検討、共有化の場にしたり、メンバー

の指導方法を相互検討したりする場にもできる。

（4）評価面談の進め方

　評価面談は、評価対象期間において創出した成果とその貢献度を上司と部下の間で最終確認し合う場である。一般に、マネジャーが最終評定を決定する前に実施する。期中において履歴管理を的確に実施していれば、評価面談は短時間で済ますことができ、マネジャーの負担も軽減される。極論すれば、評価面談が不要になるくらいに、期中の履歴管理を徹底しておくことが理想であるが、現実には以下の点にポイントを置いて進める。

①目標と重点職務に取り組んだ成果を確認し、お互いの認識のギャップを埋める
　期中の履歴管理をふまえて、目標に関する成果、目標外の成果や主担当職務の遂行内容など「組織貢献」したと考える内容について最終確認と検証を行う。ここでは、見解の食い違いが生じることもある。確認内容について両者の認識にギャップがあった場合、そのまま放置すると評価に対する納得性が得られにくくなるばかりか、上司に対する信頼感をも損なうことにもなるので、認識の相違が埋まるまで話し合う。

②フィードバックを通じて、メンバーの成長を促進する
　評価面談は成果を確認し、お互いの認識ギャップを埋めるだけでなく、評価対象期間を振り返り、次期に向けての課題を認識する場であり、次のステップに向けてメンバーを動機づける場でもある。
　図表 4 - 28 に「評価面談における振り返りの主な視点」を示したが、まずはメンバー自身に自己評価について説明させ、職務遂行のプロセスを振り返らせることが必要である。これによって、自ら反省した上で次に向けての課題を認識させ、その課題を今後の目標や能力開発に結びつけていく。また、未達成であった点や不十分であった点ばかりでなく、達成できた点や良い点、仕事の達成感やメンバー自身の成長感についても確認して、次につなげていく取り組みが重要である。

図表4-28　評価面談における振り返りの主な視点

```
（1）プラスの側面
    ・目標が達成できた要因や重要職務について良かった点は何か
    ・今期の成果をふまえて、次期にどのように活かすか、あるいは展開するか
    ・次期に向けての新たな課題は何か

（2）マイナスの側面
    ・目標未達成の要因や重要職務について不十分であった点は何か
    ・安易な方向に流れ、やるべきこと困難なことから逃げていなかったか
    ・次期は未達成・不十分としないためにどのように対応すべきか
    ・次期に向けての新たな課題は何か

（3）新たな気づき
    ・実際に目標や重要職務に取り組む中で何を発見し、気がついたか
    ・それをふまえて次期にどのように活かすか、あるいは展開するか
    ・次期に向けての新たな課題は何か

（4）能力開発への取り組み
    ・今期の取り組みと次期以降の成果開発に向けての能力開発課題は何か
```

（5）フィードバックの2側面と実施ポイント

　人事評価には「検証評価」と「査定評価」の2つの側面があることを確認した。これに対応して、人事評価のフィードバックにも図表4-29のように「検証評価のフィードバック」と「査定評価のフィードバック」の2側面がある。

①検証評価のフィードバック

　「検証評価のフィードバック」は振り返りをして、次に活かすことが目的である。目標や主担当職務について、良い点と不十分であった点を検証し、組織の成長や個人の成長に向けてどのように活かすかを、メンバーに認識させることが重要である。もちろん「検証評価のフィードバック」は、期中において必要の都度フィードバックすることがその大前提であり、最終評定（例：ＳＡＢＣＤ）の段階で形式的に実施するものではない。

　また、最終評定（例：ＳＡＢＣＤ）は各人各様であるが、今後に向けての動機づけを図ることもねらいであり、マイナス評定のメンバーに対しても、これからの期待を明示して意識を肯定的にさせることがポイントになる。

　「査定評価のフィードバック」はルール化されて実施されているが、「検証評価

図表4-29 フィードバックの2側面

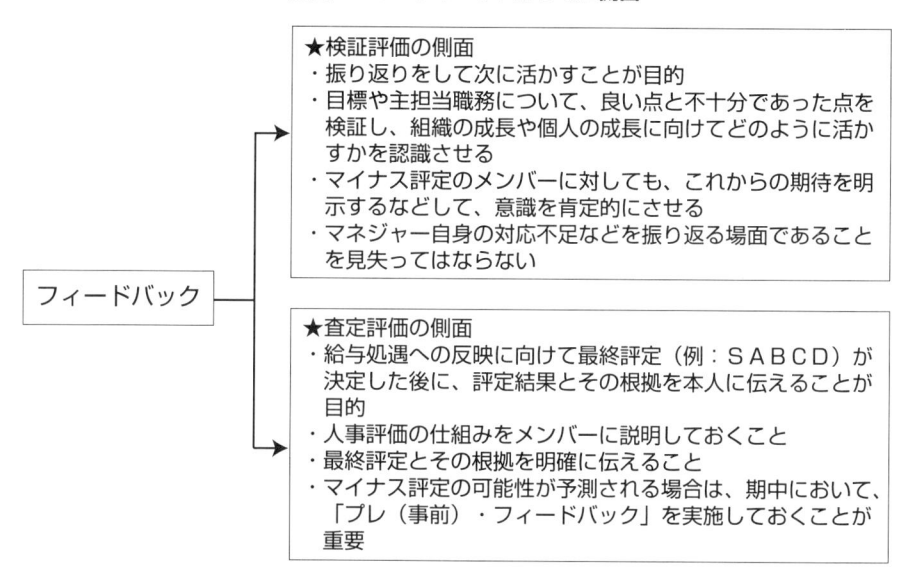

フィードバック
- ★検証評価の側面
  - ・振り返りをして次に活かすことが目的
  - ・目標や主担当職務について、良い点と不十分であった点を検証し、組織の成長や個人の成長に向けてどのように活かすかを認識させる
  - ・マイナス評定のメンバーに対しても、これからの期待を明示するなどして、意識を肯定的にさせる
  - ・マネジャー自身の対応不足などを振り返る場面であることを見失ってはならない

- ★査定評価の側面
  - ・給与処遇への反映に向けて最終評定（例：ＳＡＢＣＤ）が決定した後に、評定結果とその根拠を本人に伝えることが目的
  - ・人事評価の仕組みをメンバーに説明しておくこと
  - ・最終評定とその根拠を明確に伝えること
  - ・マイナス評定の可能性が予測される場合は、期中において、「プレ（事前）・フィードバック」を実施しておくことが重要

のフィードバック」はマネジャーの任意対応になっているケースも多く、バラツキが見られる。成果開発に向けて機能させるためには、「検証評価のフィードバック」の運用を強化しなければならない。

　一方、マネジャーにとっても、メンバーを活用し、支援するためには今後どのような対応が必要かを把握する場面であるとともに、マネジャー自身の対応不足などを振り返る場面であることを見失ってはならない。

②査定評価のフィードバック

　「査定評価のフィードバック」は、給与処遇への反映に向けて最終評定（例：ＳＡＢＣＤ）が決定した後に、評定結果とその根拠を本人に伝えることが目的である。ここでは、以下の２点について押さえることがポイントになる。

　第１は、人事評価の仕組みをメンバーに説明しておくことである。どのような仕組みで評価されているかを知らされずに、評定結果だけが伝えられると、特にマイナス評定になったメンバーの不信感や被害者意識を強めることにつながる。また、仕組みやルールをオープンにしておくことは、システム運用の大前提であ

り、フィードバック時点ではなく、期初にあらかじめ説明や確認をしておく。

　第2は、最終評定（例：ＳＡＢＣＤ）とその根拠を明確に伝えることである。プラス評定のメンバーには伝えやすいが、マイナス評定のメンバーにはフィードバックはやりづらい面があることは否めない。しかし、マイナス評定であるからこそ、本人が今後成長するためには何が必要かを伝えることが人事評価の目的であり、マネジャーの職責であることを認識して対応しなければならない。

　その場合、なぜマイナス評定となったのか、その根拠を明確にしておくことが重要であり、マイナス評定の根拠については、二次評価者との協議や前記「クロスレビュー会議」を通じて具体化し、一次評価者は自信を持って伝えられるように準備しておくことが必要である。

　また、「査定評価のフィードバック」のときになって初めてマイナス評定であると告げられると、本人のショックや不満も大きくなる。これらを軽減するためには、期中において、「プレ（事前）・フィードバック」を実施しておくことが重要である。いきなりレッドカードを出されるとダメージは大きくなる。期中にイエローカードを出しておくことが、心の準備をし、納得性を高めることにつなげられる。この「プレ（事前）・フィードバック」自体は、履歴管理にほかならない。

第5節　運用スキル向上のためのマネジャー研修

（1）人事評価者訓練から目標設定および成果評価研修へ

　変革期にある現在、成果主義人事システムは、組織成長や個人成長を促進するための人材マネジメントシステムとして機能させる必要があり、本章ではその運用強化のポイントについて解説してきた。その中で、マネジャーの主体的な取り組みが前提であることを冒頭で触れたが、ここではマネジャーの運用スキルを向上させるマネジャー研修について考える。

　図表4-30に「マネジャーの5つの役割」を整理したが、成果主義人事システムの運用は、マネジャーの基本的役割の遂行そのものであり、特別なことではないが、複雑であり、試行錯誤が伴い、その都度の意思決定が必要となる重要な職務である。

　経営環境が右肩上がりの時代には、マネジャーはこれらの役割について、自分の上司や先輩の管理方法を見て習い、同じような対応をすれば済まされてきた側

図表4-30　マネジャーの5つの役割

外部環境・内部環境の変化をふまえ、所管する組織の成果開発に向けた課題を形成し、組織目標および日常業務計画を策定する
↓
組織目標および日常業務についてメンバーと共有化を図る
[割り振り・分担、権限委譲、動機づけ]
↓
組織目標および日常業務の遂行に向けてメンバーの指導・育成を行い自立を支援・促進する
↓
組織目標の達成状況および日常業務の遂行状況を把握し、必要な対応についてメンバーに指示・命令を与える
↓
組織目標および日常業務の成果を評価し、次に活かすとともにメンバーに対して的確なフィードバックを実施し、成長を促進する

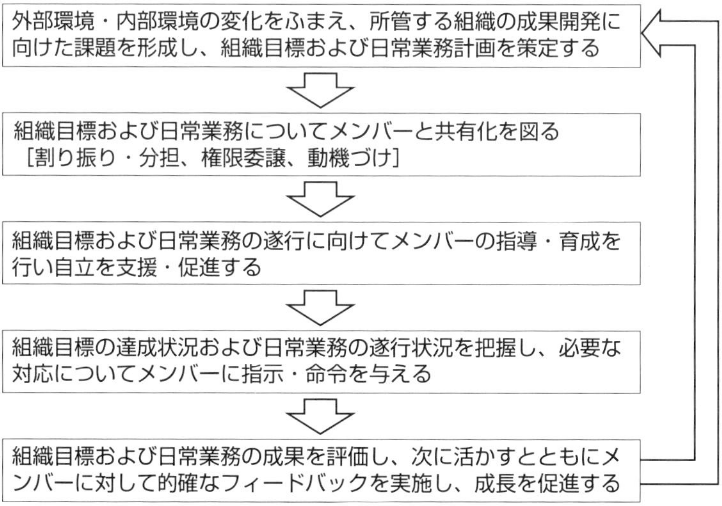

面があった。しかし、過去の経験だけでは通用しないのが現在の経営環境である。かつての管理方法しか知らないマネジャーが、成果主義人事システムの運用にとまどうのは当然のことであるが、これからもマネジャーである以上は、そのままでは済まされない。環境変化に対応するために、これら5つの役割をしっかりと果たさなければならないのであり、そのために必要な能力を修得し、向上させなければならない。成果主義への移行は、マネジャーにとって役割遂行の徹底を意味するのであり、その認識や覚悟がないままにシステム運用をすることは問題である。

これに対して、人事システムの運用スキル向上のためのマネジャー研修といえば、これまでは「人事評価者訓練」が定番であった。主な内容は、「人事評価者の心構え、ハロー効果・寛大化傾向といった陥りやすい心理的エラー、事例を使用した評定演習」などである。これらの内容について否定はしないが、運用スキルを向上するには、これだけでは明らかに不十分である。従来の人事評価者訓練は、評価というマネジャーの役割の一部分しか取り上げていないからである。

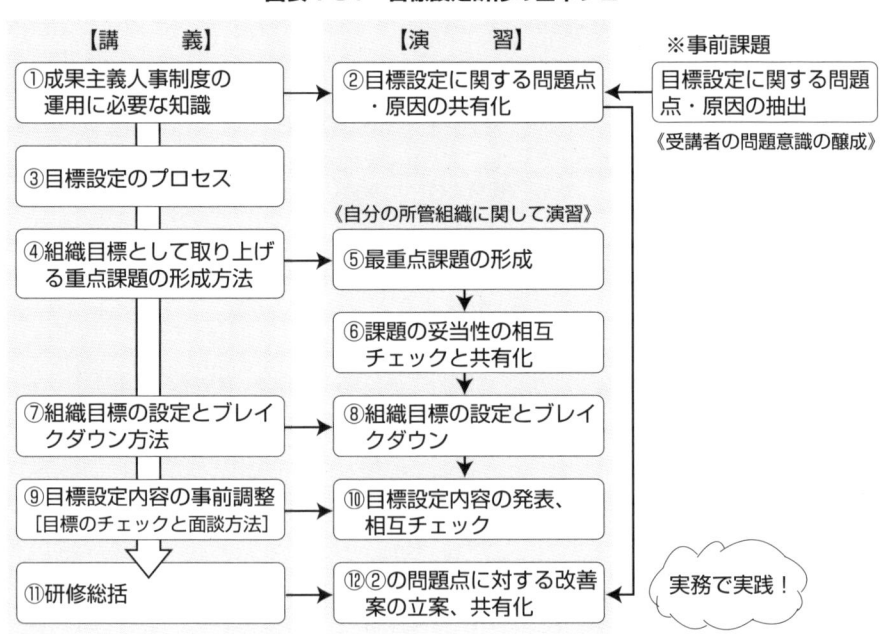

図表4-31　目標設定研修の基本フロー

【講義】
① 成果主義人事制度の運用に必要な知識
③ 目標設定のプロセス
④ 組織目標として取り上げる重点課題の形成方法
⑦ 組織目標の設定とブレイクダウン方法
⑨ 目標設定内容の事前調整［目標のチェックと面談方法］
⑪ 研修総括

【演習】
② 目標設定に関する問題点・原因の共有化
《自分の所管組織に関して演習》
⑤ 最重点課題の形成
⑥ 課題の妥当性の相互チェックと共有化
⑧ 組織目標の設定とブレイクダウン
⑩ 目標設定内容の発表、相互チェック
⑫ ②の問題点に対する改善案の立案、共有化

※事前課題
目標設定に関する問題点・原因の抽出
《受講者の問題意識の醸成》

実務で実践！

（2）目標設定および成果評価研修の効果を高めるポイント

　成果主義人事システムを機能させるためのマネジャー研修について、図表4 - 31 に「目標設定研修の基本フロー」を、および図表4 - 32 に「成果評価研修の基本フロー」を例示した。要はこれまで本章で解説してきた内容を実践するための知識とスキルの修得である。

　ここでは、研修の効果を高めるポイントを整理する。

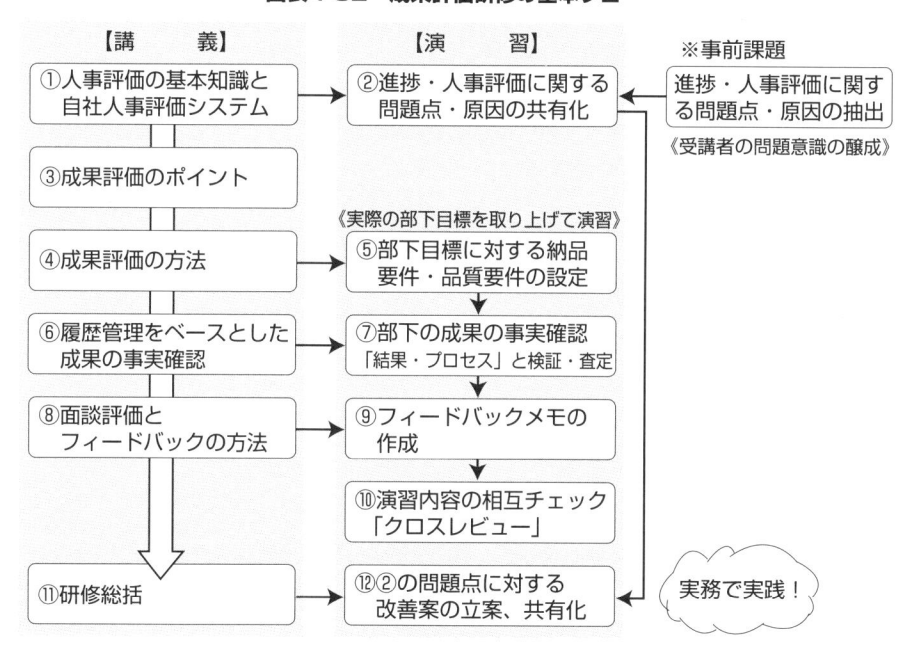

図表4-32　成果評価研修の基本フロー

【講　　義】
① 人事評価の基本知識と自社人事評価システム
③ 成果評価のポイント
④ 成果評価の方法
⑥ 履歴管理をベースとした成果の事実確認
⑧ 面談評価とフィードバックの方法
⑪ 研修総括

【演　　習】
② 進捗・人事評価に関する問題点・原因の共有化
《実際の部下目標を取り上げて演習》
⑤ 部下目標に対する納品要件・品質要件の設定
⑦ 部下の成果の事実確認「結果・プロセス」と検証・査定
⑨ フィードバックメモの作成
⑩ 演習内容の相互チェック「クロスレビュー」
⑫ ②の問題点に対する改善案の立案、共有化

※事前課題
進捗・人事評価に関する問題点・原因の抽出
《受講者の問題意識の醸成》

実務で実践！

①経営理念、全社経営計画、上位組織目標は事前に理解する

　経営理念、全社経営計画、および上位組織目標の理解は、マネジャーにとって所管する組織目標設定の前提条件であり、事前に理解しておくべき内容である。この前提条件を満たしていないマネジャーも実際には存在するので、研修日程に余裕があれば、研修の中で自社の経営理念や全社経営計画、上位組織目標の内容

図表4-33　目標設定と人事評価

	No.	問 題 点	
目標設定	1	従来の枠、職場の枠を超えた取り組みができていない。 ・数値目標のみの目標設定。 ・自職場内で対応可能な目標に留まっている。	①取り組み方法の手詰ま ・運用目的が理解されて ・取り組み方法について ・上位者が一段高い視点
	2	来期以降に向けた中期目標の設定について部下への周知ができていない。	②中期計画が課長までお ・中期目標を半期に落と ・単年度のことで精一杯。
	3	能力開発目標に対する認識が低い。何を設定してもよく、運用上は意識されていない。	③職務目標にリンクした ・営業としてスキルアッ
	4	個人差があるにもかかわらず目標設定内容が十分に議論されていない。	④個人の難易度を管理者 い。
評価	1	数値評価とプロセス評価のバランス・重みが不明瞭。	①中間評価ができておら る。
	2	目標管理が査定のツールとなっており、評価時に達成・未達成の原因の追及までされていない。	②期末のみの面談となっ い。（ゼロクリア） ・評価者・部署の異動の 分できていない。 ・最低限必要な対応をす
	3	日々の業務遂行において、評価を意識していない。	③単なる査定システムで して扱っていない。 ・人材マネジメントのツ い。
	4	評価スキルを高める取り組みがされていない。	④査定の時だけ運用すれ ・上記に同じ。

の運用改善シート：事例　　　　　　　　　　　グループ名

主 な 原 因	今 後 の 対 策
り。 いない。 突っ込んだ検討がなされていない。 から見る余裕がない。	①単なる査定ツールではなく、会社として、利益と成長を促進するための制度である旨を職場メンバーに再認識させる。 ・チャレンジングな目標を設定する環境をつくる。 ・目標の相互チェックを行う（会議形式での検討も考慮）。
りてきていない。 しにくい。	②自分（課長）が中期計画の情報を部長に取りに行く。 ・活動方針説明会・中期計画の公開等を実施。 ・課長として自分の考えで中期目標を設定する。
能力開発目標の設定がしづらい。 プの必要性を感じられない。	③個人の能力の棚卸しを行い、不足している能力について社内、外の研修等を受講。 ・業務に必要なスキルは何か議論する。
（評価者）が十分に認識できていな	④目標設定時に十分に会話する。（プロセスの有意識化） ・プロセスを評価基準にすることも考える。
ず、半期評価時のみの判断となってい	①短期スパンでの進捗管理・問題点把握・目標再設定を実施する。
ており、次の設定へ活かされていな 際、見直しや前回評価の引き継ぎが十 る意識しかない。	②期末だけでなく、適宜、中間評価を行う。(履歴管理の実施) ・面談時になぜできなかった原因のヒアリングを実施。 ・次の目標設定時に前回の目標管理シートを用い、設定検討を行う。
日々プロセスのマネジメントツールと ールとしての重要性が認識されていな	③プロセスのチェックルールを作成・実施。 ・自分自身が部下の行動を把握する意識付けを行う。 ・会議において強制的に実施する運用とする。
ば済まされている。	④評価者同士のクロスレビューを実施し実務運用を通じた理解促進と評価スキルの向上を促進する。 ・職場に戻ってクロスレビューの有効性を部長に説明する。 ・運用マニュアルの熟読。

についてディスカッションを通じて理解促進を図り、自らの役割を再認識させることも効果的である。

②システムを運用した効果と問題点を顕在化・共有化する

すでに成果主義人事システムを運用している場合は、事前学習課題として「システムを運用したときの効果と職場における目標設定、履歴管理、評価に関する問題点」について整理させる。研修の場で、システムを運用した効果と問題点の顕在化と共有化を図り、受講者の問題意識の醸成を促進する。また、研修の最後に、顕在化した問題点に対する対策を受講者自身に検討させる。

ここでのアウトプット例を図表4-33の「目標設定と人事評価の運用改善シート：事例」に示した。アウトプットを共有化し、実務の運用改善につなげると効果的である。また、人事システム所管部門にとっては、運用者であるマネジャーの意見をシステムのメンテナンスに反映することが可能になる。

③実例を取り上げて演習を実施する

研修ではあらかじめ準備されたバーチャル事例を使用した演習が多いが、以下の内容について受講者本人や部下の実例を取り上げて演習を実施すると、いっそう効果的である。

　イ、組織課題の形成と共有化
　ロ、組織目標の設定
　ハ、部下の目標の内容チェック
　ニ、部下の成果評価
　ホ、部下に対するフィードバック

実務運用場面を研修の場で再現でき、問題点、疑問点や悩みがより顕在化される。また、それらに対する対応策について、ディスカッションや質疑応答を通じて受講者の理解を深めることができる。

（3）メンバーを動機づけるコミュニケーションスキル

　メンバーに対するコミュニケーションを通じながら、メンバー本人に考えさせ、メンバーの意欲を引き出し、自らの主体的な行動を促進させる手法として「コーチング」が注目されている。

　成果開発を促進するには、人事システムの運用場面（組織課題の共有化、目標設定会議・面談、履歴管理の会議・面談、評価面談）において、コミュニケーションを通じ、メンバーの納得性を高め、動機づけを図り、主体性を引き出すことが必要になるが、このコーチングのスキルは人事システムの運用においても活用できる。

図表4-34　「ビジネスコーチング研修」プログラム

	1日目	2日目
9:00	【セッション1】 オリエンテーション（ビジネスコーチングの概要） ・本研修の狙い ・ビジネスコーチングの概要 ・ビジネスコーチングの全体像 【セッション2】 メンバーに対する接し方 ・ビジネスコーチングの基本ステップ	【セッション3】 メンバーの主体性を引き出すスキル （つづき） ・傾聴 【セッション4】 創造性を育むビジネスコーチング＜CBC＞ ・2つの能力分野 ・3種類のビジネスコーチング
12:00		
13:00	【セッション2】 メンバーに対する接し方（つづき） ・メンバーの立場に立った働きかけ ・メンバーの学習と成長 ・メンバーに対する動機づけ 【セッション3】 メンバーの主体性を引き出すスキル ・状況説明 ・発問	【セッション4】 創造性を育むビジネスコーチング＜CBC＞ （つづき） ・CBCの仕事遂行プロセス 【セッション5】 メンバーの個性に合わせたコミュニケーション ・メンバーの個性を見極める ・メンバーの学習スタイル ・ビジネスコーチの指導スタイル 【セッション6】 自職場における指導内容の設計 【セッション7】 ビジネスコーチに期待される役割
18:00		

出所：学校法人産業能率大学「ビジネスコーチング研修」より

ここでは、学校法人産業能率大学が実施している「ビジネスコーチング研修」のプログラム事例を図表4-34に示したが、その中からメンバーを動機づける3つのコミュニケーションスキルについて紹介する。

① 2つの動機づけ
　人間にある行動を起こさせることを一般に「動機づけ」と呼ぶ。この動機づけの方法は図表4-35のように「外発的動機づけ」と「内発的動機づけ」の2つに大別できる。

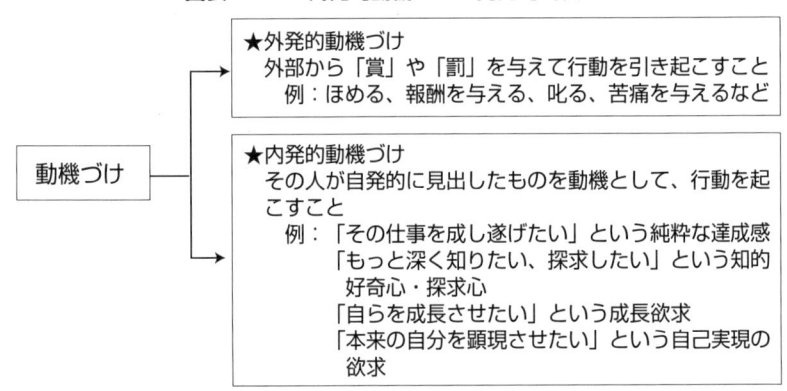

図表4-35　外発的動機づけと内発的動機づけ

動機づけ
- ★外発的動機づけ
　外部から「賞」や「罰」を与えて行動を引き起こすこと
　　例：ほめる、報酬を与える、叱る、苦痛を与えるなど
- ★内発的動機づけ
　その人が自発的に見出したものを動機として、行動を起こすこと
　　例：「その仕事を成し遂げたい」という純粋な達成感
　　　　「もっと深く知りたい、探求したい」という知的好奇心・探求心
　　　　「自らを成長させたい」という成長欲求
　　　　「本来の自分を顕現させたい」という自己実現の欲求

出所：学校法人産業能率大学「ビジネスコーチング研修」テキストより

　外発的動機づけとは、外部からほめる、報酬を与えるといった「賞」や、叱責、苦痛などの「罰」を与えて行動を引き出すことである。しかし「罰」は監視が効かないところでは行動が起きないし、「賞」はそれがなくなると行動が消えてしまう。
　これに対して、内発的動機づけとは、その人が自発的に見出したものを動機として行動を起こすことである。たとえば「その仕事を成し遂げたい」という純粋な達成感や「自らを成長させたい」という成長欲求による動機づけである。つまり、自分で自分を動機づけるのが内発的動機づけである。外部から働きかけられたことによって行動するのではなく、自らの意志で行動してもらうためには、この内発的動機づけが必要である。

一方、外発的動機づけの中でも心理的報酬（認める、ほめる、新たな課題の提供、仕事の拡大など）はより効果的で、内発的動機づけへと変化させやすいものであり、外発的動機づけが必要なときには活用したい。

メンバーが常に内発的に動機づいていればよいが、現実にはあり得ないことであり、最初は外発的に動機づけなければならないこともある。しかし、いつまでもメンバーに外発的な動機づけを与え続けるのではなく、外発的動機づけの量を徐々に減らし、内発的な動機づけが高まるようにしていかなければならない。実務において、マネジャーがメンバーに対して常に外発的に動機づけることは困難であり、また、メンバーも常に外発的に動機づけられなければ行動しないでは困る。

②内発的に動機づける３つのスキル

では、メンバーを内発的に動機づけるためにはどうすればよいか。メンバーが主体的に行動している度合いによって、そのかかわり方が違ってくる。メンバーの主体的行動の度合いに応じて活用できるのが、図表４-36のビジネスコーチングの３つのスキルである。

イ、状況説明のスキル

たとえば新入社員が初めて仕事を覚えるときは、上司がしっかりと付きっきりで指導する段階もある。このとき、メンバーは受け身状態である。この状態が継

図表4-36　メンバーを内発的に動機づける３つのスキル

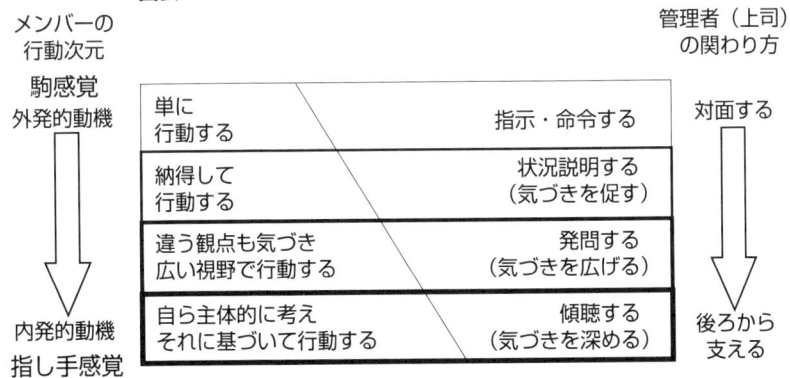

メンバーの行動次元		管理者（上司）の関わり方
駒感覚 外発的動機 ↓ 内発的動機 指し手感覚	単に行動する ／ 指示・命令する	対面する ↓ 後ろから支える
	納得して行動する ／ 状況説明する（気づきを促す）	
	違う観点も気づき広い視野で行動する ／ 発問する（気づきを広げる）	
	自ら主体的に考えそれに基づいて行動する ／ 傾聴する（気づきを深める）	

出所：図表4-35に同じ

続すると指示待ち人間になり、指示されたこと以上のことはやらなくなることが案じられる。そこで必要になるのが「状況説明」である。まず、「なぜその仕事をしなければならないのか」という背景、目的や重要性といった状況をメンバーに伝える。「だからこの仕事をする必要があるのか……」とメンバー自身に理解、認識させることで、納得して行動できるようになる。つまり、やらされている状態ではなく、気づきを促し、主体的に考えて行動できるようにするのが状況説明のスキルである。

ロ、発問のスキル

ある程度、自分で考えて行動できるようになった段階では、たとえ上司は答えを知っていても言わずに、メンバーに考えさせる教育的効果を目的に、新たな視点や異なった視点で「発問」する。この発問のスキルによって、メンバーはより大きな視点や、違った立場、客観的な立場で考えるようになり、気づきを広げることができる。この段階までくると、だいぶ主体的に行動できるようになる。

ハ、傾聴のスキル

さらに、主体的に行動できるようになったメンバーの内発的動機づけに任せられる段階では、メンバーを受容し、メンバーに共感的理解をもって、メンバー自身が自分の中で感じたり、考えたりしていることを上司が「傾聴」し、受け止めていくことによって、メンバーがさらに自分で考えを整理し、創造的な方向へ動いていくことを支援する。本人の考え方を尊重し、傾聴しながら後ろからバックアップするスタンスに変わっていく。

以上、「状況を説明する」→「発問する」→「傾聴する」という段階を踏むにつれて、メンバーは外発的動機づけから内発的動機づけにシフトしていくことが可能になるとともに、上司のかかわりも軽減されていく。マネジャーはこの3つのスキルを習得し、人事システムの運用場面での活用が求められる。また、大事なことは、これらのスキルは独立したものではなく、統合的に使いこなすことがポイントである。

第5章

中長期的な人材成長概念を組み込んだ人材アセスメント

第1節　人材アセスメントとその展開のあり方

（1）人材アセスメントの位置づけと目的

　中長期的な視点で社員を評価する場合に、短期的な評価やその積み重ねを中心に評価するのではなく、別の視点を追加していくことが必要である。成果主義人事システムは、「継続的に成果をあげ続ける」ことを最も重視する。人材アセスメントは、コンピテンシー評価を実施することによって、継続的に成果を出し続け、企業に対して中長期にわたって貢献できる、投資に値する人材を科学的に見出してしていくための、重要な評価ツールとして位置づけている。

　環境変化が激しい中で、短期はもちろんのこと、中長期にわたる成果創出が求められる今日、人材アセスメントは短期的な成果創出の達成を実現する顕在能力だけでなく、これらの達成事実を中長期的に再現、継続させる「未来顕在能力」の掌握と、発掘を目的としている。図表5-1の人材アセスメントの目的にあるように、既存人材の異動（配置）、昇格、役職任用を初め採用という人材獲得段階における人材の発掘などの両面で効果をもたらすことができる。

　それ以外に人材アセスメントにはもう1つの重要な目的がある。人材アセスメントの結果によって、個々の社員が自己の強み・弱みを自己認識することによって、自己開発につなげていけることである。さらには、社員の強み・弱みの全体的な傾向を知ることによって、企業全体の人材育成システムの課題を顕在化することができ、人材育成システムのレベル向上も可能になる。

図表5-1　人材アセスメントの目的

個々の人材の強み・弱みの自己認識 ⇒自己開発				人材開発
企業全体の人材育成システムの改善課題抽出 ⇒人材育成システム向上				
採　用	異動（配置）	昇　格	役職任用	人材選抜

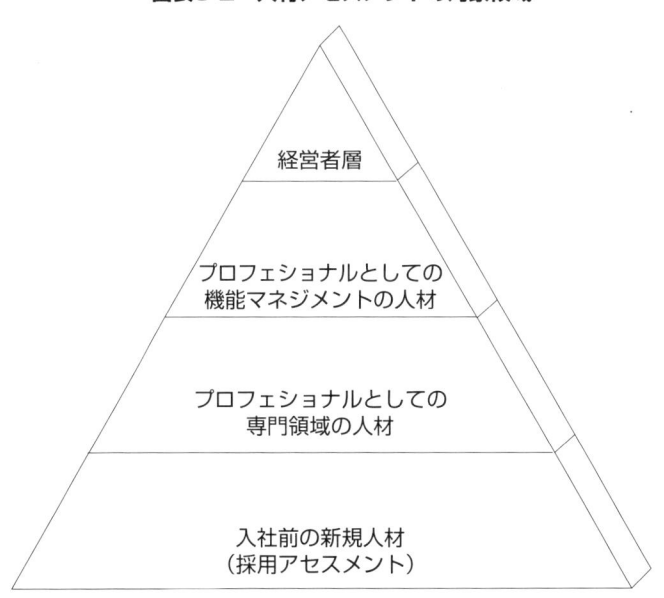

第5章　中長期的な人材成長概念を組み込んだ人材アセスメント

(2) 人材アセスメントの対象領域

　図表5-2では人材アセスメントの対象とする領域が、企業の既存人材を評価対象とする人材アセスメントだけでなく、新卒採用、経験者採用の新規人材の採用アセスメントにも拡大していることを示している。既存人材に関しても、マネジャーへの昇進者だけを対象にするのではなく、全社員がプロフェッショナル人材として活躍することを目指して、人材アセスメントを活用していくことがポイントである。以下、プロフェッショナル人材のことを「プロ人材」と称する。

　プロ人材の中には、ある専門領域においてプレーヤー的な立場で個人として成果を生み出していく「専門領域の人材」と、マネジメントを担うマネジャーとして職場の成果を生み出していく「機能マネジメントの人材」がある。

　以上、人材アセスメントの目的と対象領域について説明したが、現実の人材ア

図表5-2　人材アセスメントの対象領域

(ピラミッド図)
- 経営者層
- プロフェショナルとしての機能マネジメントの人材
- プロフェショナルとしての専門領域の人材
- 入社前の新規人材（採用アセスメント）

163

セスメントは長くても3日間程度の短期間で被験者の人材特性を診断、観察して評価結果を出している。このような短期間の一連の評価で、中長期的視点に立った評価ができるのか疑問がわくのは当然である。それに対応するには、評価者であるアセッサーの評価観と評価の視点である評価ディメンションの構築が重要となる。

　次節からは、プロ人材に求められるコンピテンシー評価のためのディメンションと評価方法を考えることによって、中長期的な視点での評価の効果的な実践方法を解説する。

第2節　プロ人材に求められるコンピテンシー

（1）新たに求められる人材像としてのプロ人材

　バブル崩壊以降、日本企業の経営システムは大きく変化した。それに伴って、求められる人材像も変化している。ひと昔前までは、バイタリティーがある人、協調性の高い人、共感性の高い人というように、求められる人材像は素材としての人材の能力に焦点があてられていた。

　しかし、これから求められる人材像は図表5-3にも示した通り、成果を出せる人、他社からハンティングされる人、専門性の高い人、および創造的な人など、いかなる状況に置かれても、その中で他者との関わり合いを通してレベルの高い成果を出していく、顕在化した能力を持つ人材である。素材としての人材の能力から、顕在化した能力への転換が、求められる人材像の大きな変節点であると考える。

　この新たに求められる人材像は、プロ人材としてとらえることができる。図表5-4ではこのプロ人材を変化する環境の中にあっても「高度な専門性を活用して、組織や顧客のニーズを満たし、高い成果を達成できる人材」と定義している。

図表5-3　時代が求める新たな人材像

新しい社会システムのキーワード	求められる人材像のイメージ	
◆オープンシステム ◆ネットワーク ◆知の創造 ◆市場価値 ◆成果主義 ◆エンパワメント ◆エンプロイヤビリティー ◆自己責任 ◆多様な選択肢	★成果を出せる人…… ★他社からハンティングされる人…… ★専門性の高い人…… ★創造的な人…… ★意見を闘わせることができる人…… ★異質な価値観を許容し、獲り込める人… ★新たな価値を創りだせる人…… ★自律した、主導的な人…… ★チャレンジングな人…… ★企業文化に馴染み創造できる人……	プロ人材

図表5-4　プロ人材の定義

> 高度な専門性を活用して、
> 組織や顧客のニーズを満たし、
> 高い成果を達成できる人材

高度な専門性	成果達成能力	高い成果と自立的行動
プロとして成果を出していく上での"基本資源"ともいえるもので、客観的な事実（実績・経験・資格等）によって裏づけられた「専門知識」「専門技能」「人脈」等を意味する。	基本資源である「高度な専門性」を成果につなげる力＝「成果達成能力」が不可欠である。具体的には創造性、人をまきこむ力、変化対応力、仕事に対する姿勢等である。	プロ人材は主体的・自立的であることに加え、まずもって高い成果を達成することが求められる。そしてその成果は、顧客や組織のニーズを満たすものである必要がある。

　プロ人材という概念は、学校法人産業能率大学において1999年から2000年にかけて整備・構築したものである。企業におけるプロ人材の必要性、成果主義人事システムの急速な展開などの時代背景をふまえて生成したものであり、「職能資格制度」をベースにした人材モデルの定義とは内容を異にするものである。

　プロ人材は「高度な専門性」を持っていなければならない。この高度な専門性を活用して組織や顧客のニーズを満たすことができるのである。高度な専門性とは、他の人が、価値があると判断してお金を出してくれる「希少性」や、組織や顧客のニーズを満たすだけの「有用性」のある専門性である。

　また、プロ人材は「成果達成能力」を持っていなければならない。このときの「成果」とは、量的拡大と質的充実の両面が考えられる。組織や顧客のニーズを考えるときは、質的な充実による成果を重視しなければならない。今までとは質的に違うものを何か創り出して提供していく。つまり、新たな付加価値を創っていくということが、これからの成果に求められる。もう1つの量的拡大は、従来と同じやり方では量を拡大することが困難な時代になってきている中で、従来とは異なるやり方を考えて、新たな量的拡大による成果を創り出すことができるというものである。

（2）評価ディメンションの全体図

図表 5-5 は、プロ人材に求められるコンピテンシー評価のディメンションの全体図である。筆者たちのグループでは、このディメンションを活用して、人材アセスメントを実施している。

図表5-5　プロ人材に求められるコンピテンシー評価のディメンション

◆成果創出スキル◆

創造 Creation	統合 Integration	克服 Overcome
1.知感力	4.ワークデザイン力	7.変化対応力
2.見通しづけ力	5.揺動力	8.完遂力
3.意味形成力	6.資源獲得力	9.資産形成力

◆成果創出への志向性◆

| 10.自己成長志向 | 11.相互啓発志向 | 12.仕事志向 | 13.プロフィット志向 | 14.顧客・社会志向 |

◆職場運営適性◆

| 15.責任受容性 | 16.厳格性 | 17.エナジャイズ | 18.職場掌握 |

　ここでは、成果達成能力を、新しい成果を創り出すプロセスをしっかりと回していける力である「成果創出スキル」と、その創出する成果がだれのためのものなのかを常に追求していく心の持ち方である「成果創出への志向性」の2つに大別している。この「成果創出スキル」と「成果創出への志向性」は、すべてのプロ人材に共通するものとして位置づけている。さらに、職場マネジメントを担うマネジャーに必要な「職場運営適性」を加えた3つのカテゴリーのもとで、18個の評価ディメンションを設定している。

　ここで、なぜマネジャーに必要な「職場運営適性」がプロ人材のコンピテンシー評価の評価要素になり得るのか、という疑問を持たれるかもしれない。そもそも、プロ人材という考え方は、「高い成果の達成」に力点を置いた人材観である。これまでのように「マネジャー職」、「非マネジャー職」といった「マネジメント責任」を軸にした層別に加えて、「プロ人材」か、「非プロ人材」かという「成果達

図表5-6　成果達成プロセスに必要なビジネス機能

ビジネス機能	定　義
状況の定義	自社の環境状況、および自分自身の置かれた立場を正しく理解し、いま、何をなすべきかが的確にわかること。
ビジョンの形成	自分が進むべき方向や解決すべき課題を明確に打ち出すこと。
目標設定とブレイクダウン	ビジョンを実現するために必要な目標設定や計画づくりを行い、具体的な活動レベルに落とし込むこと。
プロセスデザイン	仕事を効率的・効果的に進めるために、業務の段取りや仕組みを設計したり、他者との協力関係を築くこと。
実　行	メンバーと力を合わせて、状況に応じた柔軟な対応を行うことで、確実に計画を達成すること。
資産の蓄積	実行の結果として得られた資産（＝知識や情報やノウハウ）を組織メンバーが活用できるように整備し、共有化を促進すること。

成能力」を軸にした人材マネジメントが必要であるという認識に立脚している。

　そうすると、マネジャーとプロ人材の相違点は何かということになる。その違いは、「管理すべき職場や組織を持っているか、いないか」ということであり、職場や組織を持っていても、いなくても、専門性を活用して成果を達成するという点については共通している機能であり、マネジャーもプロ人材の一形態と考えられるからである。つまり、マネジャーというプロ人材には「成果創出スキル」と「成果創出への志向性」に加えて、「職場運営適性」のコンピテンシーが必要になるのである。

　プロ人材に求められる18個の評価ディメンションは、成果達成プロセスに必要なビジネス機能に基づいて構成されている。成果達成プロセスに必要なビジネス機能とは、「状況の定義」⇒「ビジョンの形成」⇒「目標設定とブレイクダウン」⇒「プロセスデザイン」⇒「実行」⇒「資産の蓄積」という6機能に分類される。図表5-6は成果達成プロセスに必要なビジネス機能のそれぞれの定義である。

（3）成果創出スキルの構造

　成果創出スキルは、「創造」「統合」「克服」という3つのカテゴリーに区分できる。以下にそれぞれのカテゴリーの概要について要約する。

①カテゴリー「創造」

　プロ人材が打ち出すビジョンは、変化の激しい環境の中では、新しい付加価値としての成果に結びつくものでなければならない。しかし、実際のビジネスにおいては、どうしても既成の概念、過去の事例が足かせとなり、往々にして新しい価値創出にまで至らないということが多い。ビジネスの構想段階では、常に「創造」的視点で、新しい価値を創出できるように状況をしっかりと定義して、ビジョンを形成していくことが求められ、期待されているのである。このカテゴリーを構成するディメンションは、

1　知感力
2　見通しづけ力
3　意味形成力

である。
　各ディメンションの定義については後に詳述する。

②カテゴリー「統合」

　状況を定義し、ビジョンを形成したら、目標設定とそのブレイクダウン、仕事のプロセスデザインを行う必要がある。ビジョンを形成し、目標を立案する仕事の組み立ての時点では、それに関係する取り組み先や関係者が一丸となって目標達成に向かっていくための態勢はまだ整っているとはいえない。目標を最大限、効果的に実現するためには、周囲の人に、その仕事の大局的な意味を理解してもらう必要がある。その達成のためであれば、自分の時間をいくら割いてもよいというくらいに、自分にとっての意味づけを深く感じさせ、仕事に対する価値を感じさせる。そのことによって、他者を巻き込みながら、必要な諸資源を組み合わせて活用することが必要である。

　仕事の設計図をひき、仕組みを作っていく企画段階は、組織やチームをビジョン実現に向けて束ねていく「統合」的視点が重要である。このカテゴリーを構成するディメンションは、

4　ワークデザイン力
5　揺動力
6　資源獲得力

である。

③カテゴリー「克服」

　プロセスの実行にあたっては、さまざまな妨害・阻害要因が横たわっていて、設計図通りにはうまく運べないということも多い。構想段階や企画段階では想定しきれない事態の発生や、考慮しきれなかった制約条件が必ずといっていいほど存在するからである。

　ビジョン実現のための設計図を実行に移して成し遂げるための実践段階では、妨害・阻害要因、制約条件などを「克服」する視点が必須となる。

　カテゴリー「克服」のポイントは、「最後までやり抜く、成果が出るまでとことんやる」という側面と、さまざまな変化が起こってくる中で、「その時々で最適な成果が何であるかということを考えながら、変化に対応して、最適な成果を探求していく」側面がある。

　このカテゴリーを構成するディメンションは、

7　変化対応力
8　完遂力
9　資産形成力

である。

（4）成果創出への志向性の構造

　成果創出スキルを保持できても、それを休眠状態とせずに、十分に駆使して、成果達成プロセスをしっかり回して成果に結びつけるためには、成果創出への志向性、つまり成果に対する心の態度や姿勢を高いレベルで持ち続けることが求められる。また、スキルを駆使して高い志向性のもとに成果が出せると、次は成果そのものの「質」が問われてくる。つまり「だれに（どこに）向けた成果であるのか」という成果対象の視点の確立が求められてくる。プロ人材として仕事をしていく上での成果対象の視点の範囲は、図表5-7に示したように、

10　自己成長志向
11　相互啓発志向

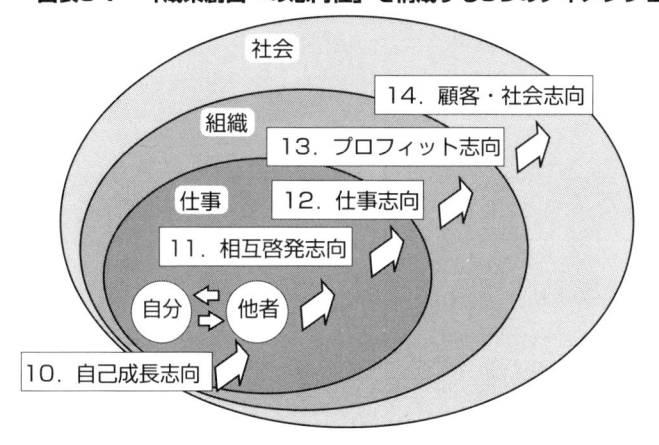

第 5 章　中長期的な人材成長概念を組み込んだ人材アセスメント

図表5-7　「成果創出への志向性」を構成する5つのディメンション

（図：社会／組織／仕事／相互啓発志向／自分⇔他者を同心円状に配置し、10. 自己成長志向、11. 相互啓発志向、12. 仕事志向、13. プロフィット志向、14. 顧客・社会志向を示す）

　12　仕事志向
　13　プロフィット志向
　14　顧客・社会志向
である。

　自分自身を成長させる「自己成長志向」にはじまり、他者との関わり合いの中でコラボレーションを起こす「相互啓発志向」、さらには今置かれている立場の中で自分が何をすべきかということを理解する「仕事志向」、プロ人材の創出する高い成果と密接に結びつく会社へ利益貢献する「プロフィット志向」、そして顧客や社会に対して自分が何を提供するべきかを理解する「顧客・社会志向」である。「自己成長志向」から始まり、「顧客・社会志向」まで視野が拡大し、そして志向性そのものが成長していく状況が図表5-7から見てとれる。

　最近、「コンプライアンス経営」ということがよくいわれる。いわゆる「法令の遵守と企業倫理の確立」を目指す経営のことであるが、換言すれば、成果創出への志向性の最終局面である企業と社会との接点、つまり「顧客・社会志向」をしっかりと見ていこうということである。

(5) 職場運営適性の構造

　これまで述べてきた成果創出スキルの9個のディメンションと、成果創出への

志向性の5個のディメンションとを合わせた14個のディメンションでプロ人材が測定できる。

　それでは、プロ人材ならばだれでもマネジャーの役割を担えるのであろうか。答えは「ノー」である。プロ人材がマネジャーの役割を担ったときに、単に自らの想いを込めたビジョン達成に向けた活動をするだけでは不十分である。マネジャーの役割を担うということは、そのスタンスや責任範囲が短期的なものからより中長期的なものへ、さらには個人から職場、組織へと拡がっていく。その結果、企業の戦略や事業計画に共鳴し、その達成のための責任を引き受け、中長期的な目標達成と自職場の活力維持を図りながら、メンバーの力を結集して、主導的にリードしていくことが必要になる。

　また、メンバー自身をプロ人材として活躍させるためには、メンバーの主体的な活動を引き出すことも重要である。そのためにマネジャーとしては、メンバーに指示・命令をするばかりではなく、メンバーの職務活動を促進させる働きかけも重要になってくる。そして、職場やメンバーにサポートすることで、メンバーの共感と信頼を獲得でき、メンバー各人、さらには職場全体を成果達成に向かわせることができる。こうして、主体的に仕事に向かうプロ人材が増えていくと、プロ人材そのものをリードしていくためには、より強くて効果的なリーダーシップと職場運営が必要となってくる。

　プロマネジャーに特に求められる能力特性は、図表5-8の「職場運営適性」を構成する4つのディメンションである、

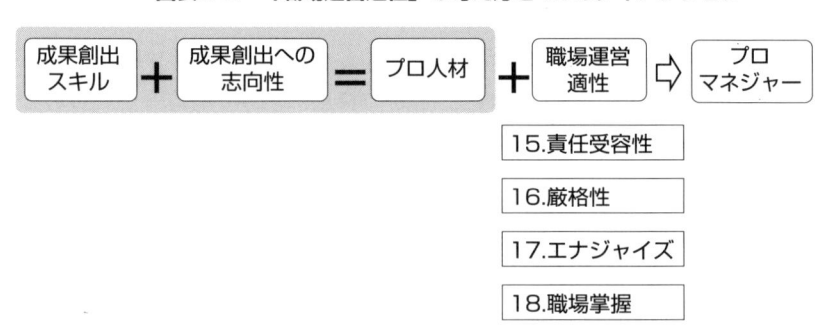

図表5-8　「職場運営適性」の考え方と4つのディメンション

成果創出スキル ＋ 成果創出への志向性 ＝ プロ人材 ＋ 職場運営適性 ⇒ プロマネジャー

15. 責任受容性
16. 厳格性
17. エナジャイズ
18. 職場掌握

図表5-9 ディメンション定義一覧表

ディメンション			定　義
成果創出スキル	創造	知感力	自己を取り巻くさまざまな情報（人・モノ・事象・文化・社会等）に幅広く関心を持ち、積極的な収集や探索を行い、それらの中から新しい概念やアイデアのヒントを感じ取る力
		見通しづけ力	全体の構造を理解したうえで本質を見極めるとともに、広い視野、長期的な視点を持って、将来の変化や起こりうる事態を予測できる力
		意味形成力	既存の枠組み・方法にとらわれずに、新しいアイデアや考え方を創造し、それに具体的なイメージを与えることができる力
	統合	ワークデザイン力	中期計画や短期目標を明確にし、それらを実現するためのタスクとメンバーの適切な組み合わせを考えることができる力
		揺動力	自らのビジョンやそこに至る道筋を熱く語って、それを共有し、一貫した言動で相手の気持ちを揺り動かすことで、相手の内発的動機づけを引き出し主体的参画を促すことができる力
		資源獲得力	自ら設定した目標を達成するための要所を押さえ、必要と思われるリソースを公式・非公式に獲得する力
	克服	変化対応力	突然の状況変化や、意見の対立場面においても、柔軟かつ的確に対応できる力
		完遂力	目標を達成するために困難なことにもチャレンジし、最後まで粘り強くやり遂げる力
		資産形成力	目標達成の活動の結果生み出された成果から、次につながる資産を抽出し、標準化・形式知化することによって他者に広め、組織に定着させる力
成果創出への志向性		自己成長志向	自分自身を正確に理解した上で、必要な能力開発を行い、自己責任に基づいて、あらゆる場面で自ら考え、選択・決断する姿勢
		相互啓発志向	周囲の人々との建設的な関係づくりを通して、よりよいものを作り上げようとする姿勢
		仕事志向	組織で果たすべき役割を自覚し、それに誇りとやりがいを持って取り組もうとしている姿勢
		プロフィット志向	限られた資源から最大の収益をあげるように努力する姿勢
		顧客・社会志向	自分の仕事の貢献対象を常に意識し、それらの人々の立場で考え、仕事に取り組もうとする姿勢
職場運営適性		責任受容性	忍耐強く部下や後輩の行為を見守り、その結果に対して、責任を負える度合い
		厳格性	対立や葛藤を恐れずに、言うべき事をきちんと伝え、部下に厳しい要求が出せる度合い
		エナジャイズ	長期的な視点に立って部下や後輩を支援し、活力を与えることができると同時に、慕われるような温かさを持っている度合い
		職場掌握	一人ひとりの部下の力量を正しく評価するとともに、職場全体のダイナミズムを掌握できる度合い

15. 責任受容性
16. 厳格性
17. エナジャイズ
18. 職場掌握

である。

　この4つの評価ディメンションは、メンバーに対しての直接的な関わり合いに関する特定の能力である。メンバーの責任をどれだけ負えるかの度合いである「責任受容性」、対立や葛藤を恐れることなく、厳しいオーダーを出すことができ、なおかつネガティブなフィードバックができ、言うべきことをきちんと伝えられる度合いの「厳格性」、それとは対照的に長期的にメンバーの育成やキャリア形成を支援し、エネルギーを与える度合いの「エナジャイズ」、およびメンバー個々人の力を把握し、その集団としてのダイナミズムを掌握できる度合いの「職場掌握」である。成果創出スキルと成果創出への志向性の合計14個のディメンションに、職場運営適性の4個のディメンションを合わせた18個のディメンションで、プロマネジャーが測定できる。

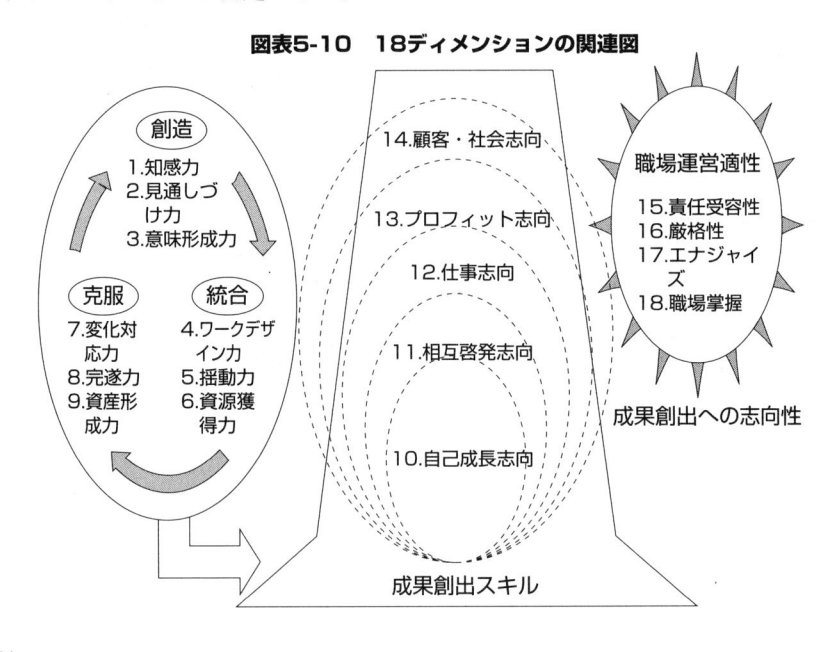

図表5-10　18ディメンションの関連図

創造
1. 知感力
2. 見通しづけ力
3. 意味形成力

克服
7. 変化対応力
8. 完遂力
9. 資産形成力

統合
4. ワークデザイン力
5. 揺動力
6. 資源獲得力

14. 顧客・社会志向
13. プロフィット志向
12. 仕事志向
11. 相互啓発志向
10. 自己成長志向

職場運営適性
15. 責任受容性
16. 厳格性
17. エナジャイズ
18. 職場掌握

成果創出への志向性

成果創出スキル

18個のディメンションの定義は、図表5-9の通りである。

　成果創出スキル、成果創出への志向性、および職場運営適性の関係をわかりやすく説明したものが、図表5-10の18ディメンションの関連図である。この図表では、成果達成能力の根源（根）となるのが成果創出スキルであり、成果達成のための成長力である体幹（幹）となるのが成果創出への志向性、それら成果創出スキルや成果創出への志向性を育む太陽熱の役割をするのが職場運営適性であるというように、それぞれのカテゴリーと、その中のディメンションの関連性を表現している。

第3節　多面観察評価の特徴と方法

(1) 多面観察評価の意義

　これまで解説してきた評価ディメンションを効果的に活用するための人材アセスメントツールの1つに多面観察評価がある。多面観察評価とは、上司、同僚、部下の全方位、つまり社内の身近な他者からの360度の観察によって行動を評価していくことで、360度診断と呼ばれることもある。また、自己評価も実施する。この360度診断は、米国などでは広く普及している測定方法であるが、日本では「互いが互いを評価し合う」ことに対して、協調的な職場風土が脅かされてしまうのではないかという危惧があった。

　しかし、時代の変化によってプロ人材が求められるになり、下記のような理由から360度診断の実施意義が高まってきている。

①パフォーマンスの改善を促進する

　多くの企業が成果主義人事システムへの移行を進めるにあたって、成果をあげるために「何を、どう変えていけばよいのか」という成果につながる行動としてのパフォーマンスの改善を促進する。

②エンプロイヤビリティー（雇用されうる能力）を高める

　プロ人材に必要な能力に照らして、自分の強みやさらなる開発を要するテーマを的確に把握し、能力開発課題を設定することが可能になる。

③自立的なキャリア形成を支援する

　キャリア開発を促進・支援する際に、「個人が自分の能力を知る機会、企業が個人の能力を知る機会」を設定する。

④オープンで建設的な関係づくりをめざす

協働的な関係構築を大切にするわが国の独自性を活かしつつ、新しい時代に対応していくために、お互いがプロ人材へと成長するためのオープンで、発展的な関係づくりを構築する。

(2) 多面観察評価の効用

360度診断を実施した企業の、被験者に対するフィードバックの主要な効用は次の通りである。

①他者からの自分に対する評価がわかる
- 「自分はどう見られているのか」の確認ができる。
- 自分と他者の認識のギャップ、つまり「自分はこう思っていたが、他の人はこう思っていたのだ」という気づきができる。

②フィードバックが複数の人からのため、納得性が高い
- 複数の人からフィードバックされることになるので、評価に関しての納得感が得られやすい。
- 「皆がそう思っているのだ」と納得することで、能力開発への内発的動機づけが高まる。

③より高い妥当性を得られる
- 複数の評価者の平均点を用いるため、安定した評点が得られやすい。
- 複数の評価者の中で妥当な評価を行っていない者の評点を外すことも可能である。

④評価者に特別な訓練は必要ない
- アンケート項目は具体的な行動項目を聞いているのであり、特別にトレーニングしなくても回答できる。

ただし、この360度診断も、基本的には統計・確率論がベースであり、例外がデー

タに出てしまうこともある。360度診断にも限界はあるわけで、完全な測定メディアは存在しないということを認識すべきである。

　そこで、さまざまな測定メディアを適切に組み合わせて実施することにより、この限界をある程度克服することができる。有用な組み合わせは、360度診断にアセスメントセンター方式を加えて実施するケースである。360度診断の評価結果と、アセスメントセンター方式の行動観察者であるアセッサーによる評価結果を加えていくと、リアルな社員個人の人材像が顕著に現れてくる。

　次節ではこのアセスメントセンター方式について解説する。

第4節 アセスメントセンター方式の特徴と方法

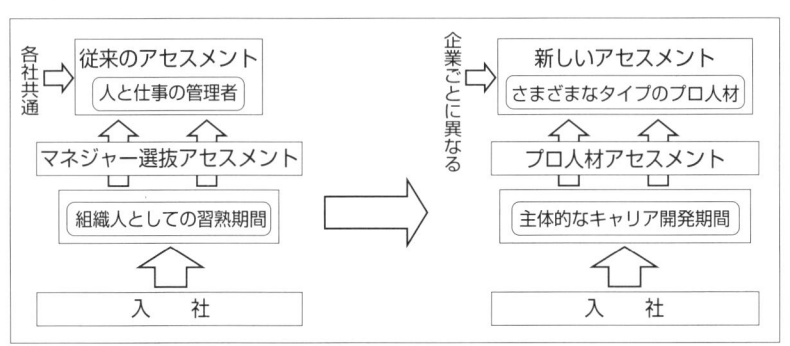

(1) プロ人材アセスメントの基本的な考え方

　筆者たちのグループが実施しているアセスメントセンター方式の基本的な考え方を示したものが図表5-11である。以下、このアセスメントセンター方式を、プロ人材を見出していくためのアセスメントであることから、「プロ人材アセスメント」と呼ぶことにする。

図表5-11　プロ人材アセスメントの基本的考え方

1．「個々の人材」の能力棚卸しがメイン

　「マネジャー選抜」に限定しない。多様な人材の必要性を認め、一人ひとりの人材がどういった能力を持っているかを棚卸することを目指す。

2．企業によって異なる「プロ人材像」に対応する

　「一元的なプロ人材像」に当てはめたランク付けではなく、企業独自のプロ人材像を想定したアセスメントを提供する。

3．「マネジャー」も「プロ」の一形態

　与件として職場が与えられていてもいなくても、「専門能力を連結して成果を出す」ことは共通している。「マネジャー」も「プロ人材」の1つの形態としてを想定する。

```
各社共通 → 従来のアセスメント         企業ごとに異なる → 新しいアセスメント
          人と仕事の管理者                             さまざまなタイプのプロ人材
              ⇑                                           ⇑
          マネジャー選抜アセスメント                   プロ人材アセスメント
              ⇑                                           ⇑
          組織人としての習熟期間        ⇒              主体的なキャリア開発期間
              ⇑                                           ⇑
              入　社                                       入　社
```

図表5-12 プロ人材アセスメントが想定するプロ人材のタイプ

	マネジャー適性が高くない場合	マネジャー適性が高い場合
「創造」の強みで組織に貢献する	**クリエイター型プロ人材** 柔軟な思考力を持ち、創造的な仕事を行うことで組織に貢献するタイプ	**変革創造型プロマネジャー** 斬新な構想やビジョンを打ち出して部下に方向性を示すことでリーダーシップを発揮するタイプ
「統合」の強みで組織に貢献する	**オーガナイザー型プロ人材** 構想実現のための計画づくりを行い、必要な部署・人の参画を促すなど、組織化で強みを発揮するタイプ	**組織運営型プロマネジャー** 調整や折衝に長け、大規模集団をまとめあげるリーダーに向いたタイプ
「克服」の強みで組織に貢献する	**プロモーター型プロ人材** 困難な状況や障害を乗り越えて、やり抜ける力があり、着実な成果を出すことで組織に貢献するタイプ	**課題遂行型プロマネジャー** 課題達成のために最後まであきらめずに、部下を引っ張る実行部隊の責任者タイプ

プロ人材アセスメントの基本的考え方は、次の通りである。

①マネジャー選抜に限定せず、図表5-12に示したように、さまざまなプロ人材の存在の必要性を認識し、それぞれの人材がどういった能力を持っているかを棚卸しすることを目指す。

さまざまなプロ人材の存在を想定するということは、プロ人材はすべてのディメンションの評価が高くなければいけないということではない。強みの現れ方によってさまざまなタイプのプロ人材が定義できるという考え方をしている。

たとえば、図表5-12の、マネジャー適性は高くないが、創造カテゴリーは非常に強いという人材は、クリエイター型プロ人材であり、柔軟な思考力を持ち、創造的な仕事を行うことで組織に貢献できるタイプである。また、マネジャー適性が高くて、さらに克服カテゴリーに強い人材は、課題遂行型のプロマネジャーであり、課題達成のためには最後まであきらめずに、メンバーを引っ張る実行部

第5章　中長期的な人材成長概念を組み込んだ人材アセスメント

隊の責任者タイプである。

②一元的なプロ人材像にあてはめたランク付けではなく、企業独自のプロ人材像を想定したアセスメントを展開する。

企業によって異なる切り口からアプローチすることにより、さまざまなタイプのプロ人材像に対応することができる。

③与件として職場や組織が与えられていなくても、専門能力を連結させて成果を創出することはマネジャーもプロ人材も共通している。すなわち、マネジャーもプロ人材の1つの形態としてとらえる。

図表5-13のプロ人材アセスメントの3つラインナップでは、「Selection型［プロ人材の選抜］」、「Excavation型［プロ人材候補の発掘］」、「Development型［自律型人材の開発］」に大別している。従来は、プロ人材の選抜を目的とするSelection型の人材アセスメントを実施する企業が多かった。それに対して、昨今の傾向を見ると、組織と個人の双方にとってメリットの大きい「定期的な能力の現状把握の機会」として人材アセスメントを位置づけする企業が出てきた。これはプロ人材候補の発掘を目的とするExcavation型や、「人材開発の機会」的な

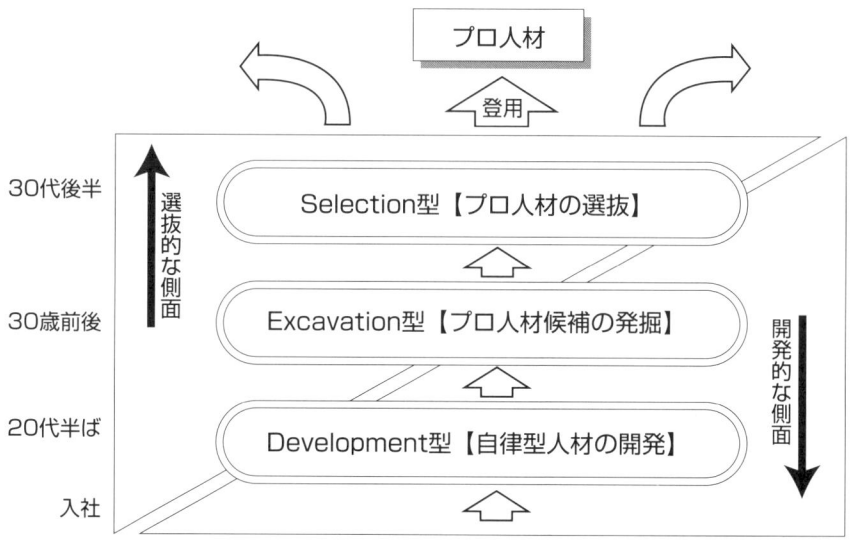

図表5-13　「プロ人材アセスメント」3つのラインアップ

年代	型	側面
30代後半	Selection型【プロ人材の選抜】	選抜的な側面 ↑
30歳前後	Excavation型【プロ人材候補の発掘】	
20代半ば	Development型【自律型人材の開発】	開発的な側面 ↓
入社		

プロ人材 ← 登用

色合いの濃い、自律型人材の開発を目的としたDevelopment型で人材アセスメントを実施するパターンが増えているということである。

（2）プロ人材アセスメントの特徴

プロ人材アセスメントは、アセスメントセンター方式による、精度の高い人材の客観的評価、あるいは能力把握を行うプログラムであり、次の3つの特徴を持っている。

① 360度診断をベースに人材の成果創出にフォーカスしたモデル

プロ人材に求められる18個の評価ディメンションをベースに、人材の成果創出や成果創出への志向性、および職場運営適性にフォーカスした人材アセスメントを展開している。

図表5-14 「プロ人材アセスメント」で活用する測定メディア

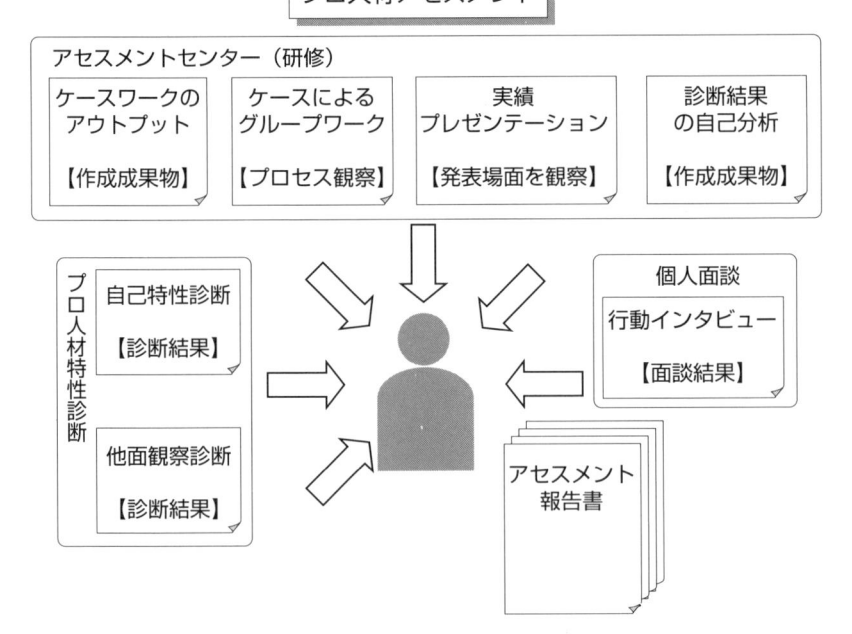

②メディアミックスにより精度の高さを実現

　図表5-14は、筆者たちのグループが実施しているアセスメントセンター方式で活用している測定メディアである。さまざまなケースワークのアウトプットの評価、ケースワークを主題としたグループワークの行動観察、実績プレゼンテーションの行動観察、診断結果の自己分析による自己開発課題形成の評価など、多面的に評価を実施している。

　それに加えて、360度診断の結果など、複数メディアで測定・評価した被験者のそれぞれのデータを、評価ディメンション一覧表に落とし込んで、評価精度の向上を図っている。

■360度診断の実施

　前述の通り、360度診断を実施し、本人の自己評価結果とともに、本人を取り巻く上司・同僚・部下の全方位360度から日常の職務活動について、その行動を評価して、その結果をフィードバックする。被験者に対して、数値による科学的な自己理解を促す。

■ケースワークを中心としたさまざまな体験型演習の実施

　プロ人材アセスメントでは、職場にある日常的な問題への対応や、解決策を探索するマネジメント課題対応をはじめ、職場の改善計画を策定する目標展開、およびデザインの事例研究、そして新規事業プロジェクトチームにおける新規事業プランの作成など、ケースワークを中心としたさまざまな体験型演習を実施する。それにより、被験者はプロ人材に求められる能力や行動を体感的に理解することができる。

■アセッサーによる受講生全員に対する個別報告書の作成

　アセッサーは、プロ人材に必要な成果達成能力を構成する18の評価ディメンションに基づいて、被験者のアウトプットや言動や、あるいは態度などを評価、観察する。その結果を報告書にまとめて情報を提供する。それによって、被験者は自分の能力を客観的に把握し、プロ人材として高い成果を達成するために必要な行動と能力は何か、そしてその力を自分はどの程度保有しているのか、今後はどうすればよいのか、という深層的な気づきを得て、自己開発課題を自発的に形成することができる。

③プロ人材として育成するために総合的な人材育成施策で支援

　人材アセスメントの効果を高める下地を作るために、プロ人材アセスメントの研修前に実施企業との間で「求められる人材像」の擦り合わせをし、それを双方で共有する。プロ人材アセスメントの実施段階では、360度診断の結果を分析し、ケースワークで実施されるそれぞれの体験型演習プログラムについてアセッサーが事前に説明し、そのケースワークをテーマにしたグループ討議を通じて相互啓発する。そして、事後のケースワークのグループ討議の内容に対する考え方についてフィードバックし、そのフィードバックからの知識習得など、教育効果の高いコンテンツを盛り込んで人材アセスメントを実施している。

(3) プロ人材アセスメントの標準プログラム

　図表5-15は、プロ人材アセスメント研修プログラム（2泊3日版）の標準プログラムである。そして、図表5-16はその短縮版の1泊2日のプログラムである。2泊3日版も1泊2日版も、それぞれのプログラムの最終場面で診断フィードバックとして、360度診断のフィードバック、および人材アセスメントにおけるコメントのフィードバックへと展開する。これはプロ人材アセスメントがフィードバックを重視しているからである。被験者が、これらの診断フィードバックを受けることによって、自分自身の強み・弱みを知り、これからの自己の能力開発課題に落とし込んでいくことができる。

　また、要請があればオプションとして、プロ人材アセスメントの実施から半年以内を目処に、プロ人材アセスメントで作成した自己能力開発課題の実行確認をするためのフォロー研修を組み込み、被験者一人ひとりとの個別の面談を実施して、自己能力開発課題の達成を支援する場も提供している。

(4) プロ人材アセスメントの活用内容

　プロ人材アセスメントの結果を具体的にどのように活用するか、その内容を図表5-17のプロ人材アセスメントの活用にまとめた。主だった活用内容は以下の3点である。

第5章　中長期的な人材成長概念を組み込んだ人材アセスメント

図表5-15　プロ人材アセスメント 2泊3日版標準プログラム

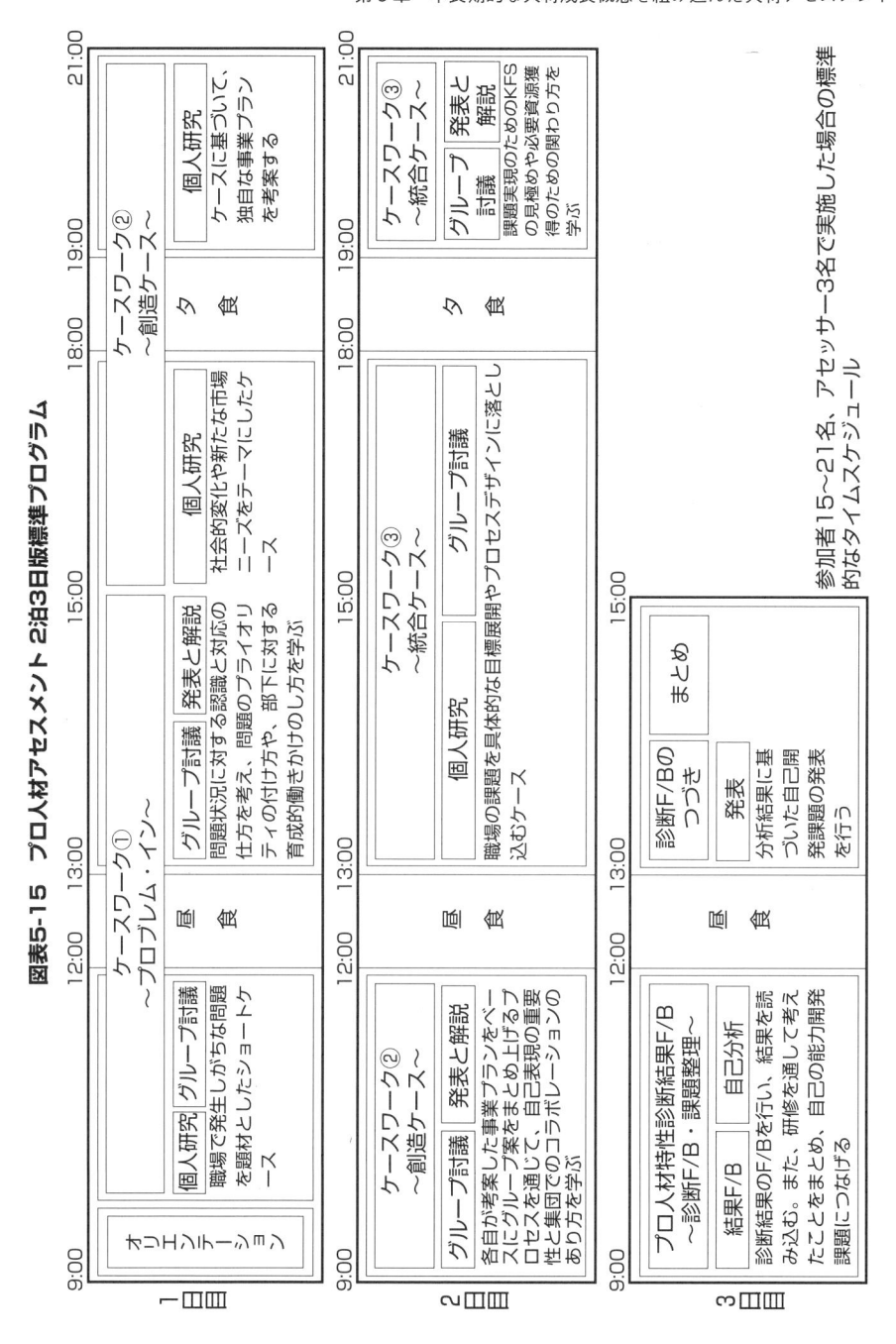

1日目（9:00〜21:00）

- オリエンテーション
- ケースワーク①　〜プロブレム・イン〜
  - 個人研究／グループ討議：職場で発生しがちな問題を題材としたショートケース
  - 昼食
  - グループ討議／発表と解説：問題状況に対する認識と対応の仕方を考え、問題のプライオリティの付け方や、部下に対する育成的働きかけの仕方を学ぶ
- ケースワーク②　〜創造ケース〜
  - 個人研究：社会的変化や新たな市場ニーズをテーマにしたケース
  - 夕食
  - 個人研究：ケースに基づいて、独自な事業プランを考案する

2日目（9:00〜21:00）

- ケースワーク②　〜創造ケース〜
  - 個人研究／グループ討議：各自が考案した事業プランをベースにグループ案をまとめ上げるプロセスを通じて、自己表現の重要性と集団でのコラボレーションのあり方を学ぶ
  - 昼食
  - グループ討議／発表と解説
- ケースワーク③　〜統合ケース〜
  - 個人研究：職場の課題を具体的な目標展開やプロセスデザインに落とし込むケース
  - 夕食
  - グループ討議／発表と解説：課題実現のためのKFSの見極めや必要資源獲得のための関わり方を学ぶ

3日目（9:00〜15:00）

- プロ人材特性診断結果F/B　〜診断F/B・課題整理〜
  - 結果F/B／自己分析：診断結果のF/Bを行い、結果を読み込む。また、研修を通して考えたことをまとめ、自己の能力開発課題につなげる
  - 昼食
  - 診断F/Bのつづき／発表：分析結果に基づいた自己開発課題の発表を行う
  - まとめ

参加者15〜21名、アセッサー3名で実施した場合の標準的なタイムスケジュール

185

図表5-16 プロ人材アセスメント 1泊2日版標準プログラム

1日目

時間	9:00		12:00	13:00		15:00		18:00	19:00		21:00
	オリエンテーション	ケーススタディ① 〜プロブレム・イン〜 （個人研究／グループ討議）		昼食	ケーススタディ① 〜プロブレム・イン〜 （発表と解説）			夕食	プロ人材特性診断 結果F/B／個人研究		

ケーススタディ①〜プロブレム・イン〜
- 個人研究／グループ討議：職場で発生しがちな問題を題材としたショートケース
- 発表と解説：問題状況に対する認識と対応の仕方を考え、問題のプライオリティの付け方や、部下に対する育成的働きかけのしかたを学ぶ

ケーススタディ②〜創造ケース〜
- 個人研究：職場の課題を具体的な目標展開やプロセスデザインに落とし込むケース

プロ人材特性診断 結果F/B／個人研究
- ディメンションの説明と診断結果の読み方、診断結果の自己分析

2日目

時間	9:00		12:00	13:00		15:00		17:00
	ケーススタディ③〜統合ケース〜 （グループ討議／発表と解説）		昼食	プロ人材特性診断結果F/B 〜診断F/B・課題整理〜 （結果F/B／自己分析）			まとめ	

ケーススタディ③〜統合ケース〜
- グループ討議／発表と解説：課題実現のためのKFSの見極めや必要資源獲得のための関わり方を学ぶ

プロ人材特性診断結果F/B〜診断F/B・課題整理〜
- 結果F/B／自己分析：診断結果のF/Bを行い、結果を読み込む。また、研修を通して考えたことをまとめ、自己の能力開発課題につなげる

参加者15〜21名、アセッサー3名で実施した場合の標準的なタイムスケジュール

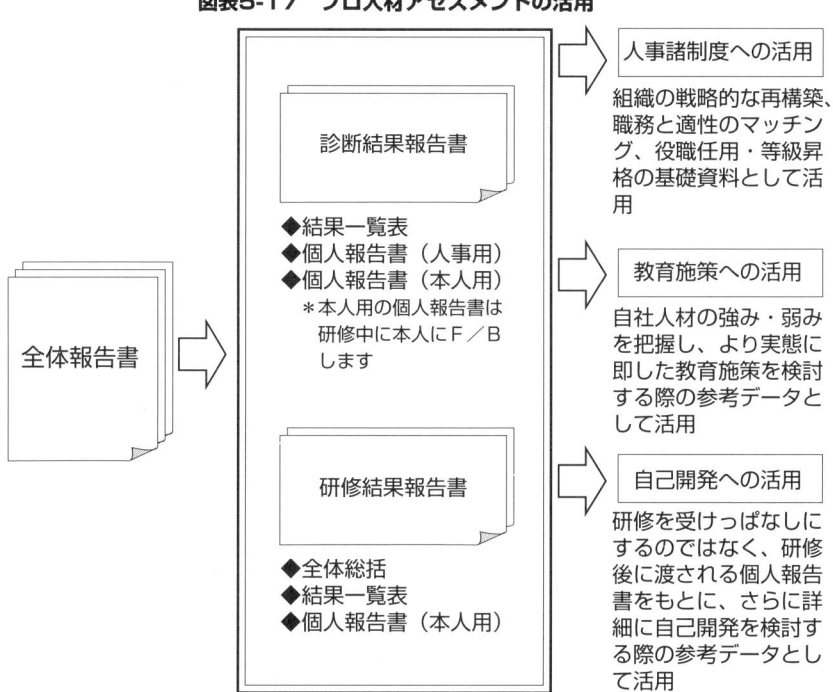

第5章　中長期的な人材成長概念を組み込んだ人材アセスメント

図表5-17　プロ人材アセスメントの活用

```
                    ┌─────────────────────────┐    ┌─────────────┐
                    │                         │ ⇒  │人事諸制度への活用│
                    │    ┌──────────────┐     │    └─────────────┘
                    │    │ 診断結果報告書 │     │    組織の戦略的な再構築、
                    │    └──────────────┘     │    職務と適性のマッチン
                    │                         │    グ、役職任用・等級昇
                    │   ◆結果一覧表           │    格の基礎資料として活
                    │   ◆個人報告書（人事用） │    用
                    │   ◆個人報告書（本人用） │
┌──────────┐        │    ＊本人用の個人報告書は│   ┌─────────────┐
│ 全体報告書 │ ⇒     │     研修中に本人にF／B │⇒ │教育施策への活用│
└──────────┘        │     します              │   └─────────────┘
                    │                         │   自社人材の強み・弱み
                    │    ┌──────────────┐     │   を把握し、より実態に
                    │    │ 研修結果報告書 │     │   即した教育施策を検討
                    │    └──────────────┘     │   する際の参考データと
                    │                         │   して活用
                    │   ◆全体総括             │   ┌─────────────┐
                    │   ◆結果一覧表           │⇒ │自己開発への活用│
                    │   ◆個人報告書（本人用） │   └─────────────┘
                    │                         │   研修を受けっぱなしに
                    └─────────────────────────┘   するのではなく、研修
                                                  後に渡される個人報告
                                                  書をもとに、さらに詳
                                                  細に自己開発を検討す
                                                  る際の参考データとし
                                                  て活用
```

①人事諸制度への活用
②教育施策への活用
③自己開発への活用

　図表5-18は、プロ人材アセスメント活用内容の例である。この図表から見てもわかるように、プロ人材アセスメントは、アセスメントとして単独で存在するのではなく、人事戦略全体の中に位置づけられるものである。たとえ選抜型の人材アセスメントを実施して合否判定がなされても、合格者、不合格者を問わずケアするなど、プロ人材を育成、開発するために総合的なサポートを実施している。

図表5-18 アセスメントの活用内容例

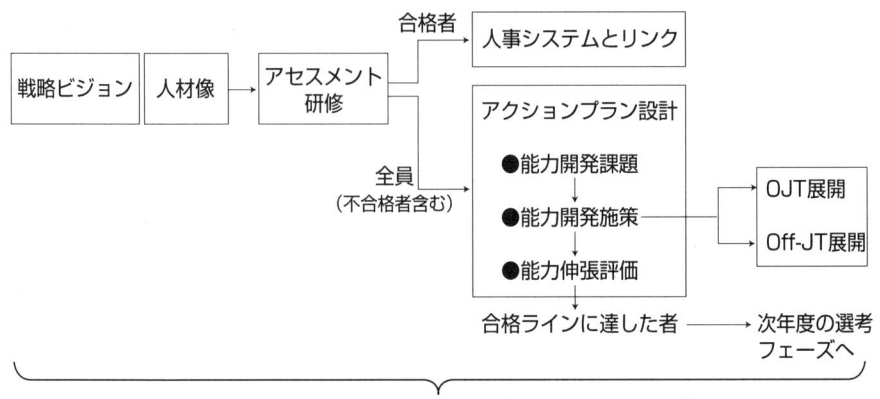

戦略ビジョン → 人材像 → アセスメント研修
- 合格者 → 人事システムとリンク
- 全員（不合格者含む） → アクションプラン設計
  - ●能力開発課題
  - ●能力開発施策 → OJT展開 / Off-JT展開
  - ●能力伸張評価
- 合格ラインに達した者 → 次年度の選考フェーズへ

プロ人材として育成するために総合的なサポートを実施

（5）プロ人材アセスメントの結果報告書によるフィードバック

　プロ人材アセスメントの実施後、各アセッサーは評価データを作成し、主査アセッサーとの情報交流により、成案としての報告書を作成していく。

　こうして作成したプロ人材アセスメントの結果報告書は、図表5-19にあるように、①被験者本人と②アセスメント担当部門に対してそれぞれ作成され、配布されるのが原則である。また、企業の要望に応じて、③被験者の上司に対しても作成、配布される。

　作成、配布される結果報告書の概要は、以下の通りである。

①被験者本人への結果報告書
　本人用個別報告書：本人の強みと弱みのディメンションとその特徴
　　　　　　　　　　評価コメント
　　　　　　　　　　今後の自己開発に向けた育成課題のアドバイス

　本人用個別報告書では、プロ人材アセスメントを通じて発揮された言動に基づき、担当アセッサーが本人の強みと弱みのディメンションとその特徴、総合コメ

第5章 中長期的な人材成長概念を組み込んだ人材アセスメント

図表5-19　アセスメント結果報告の内容

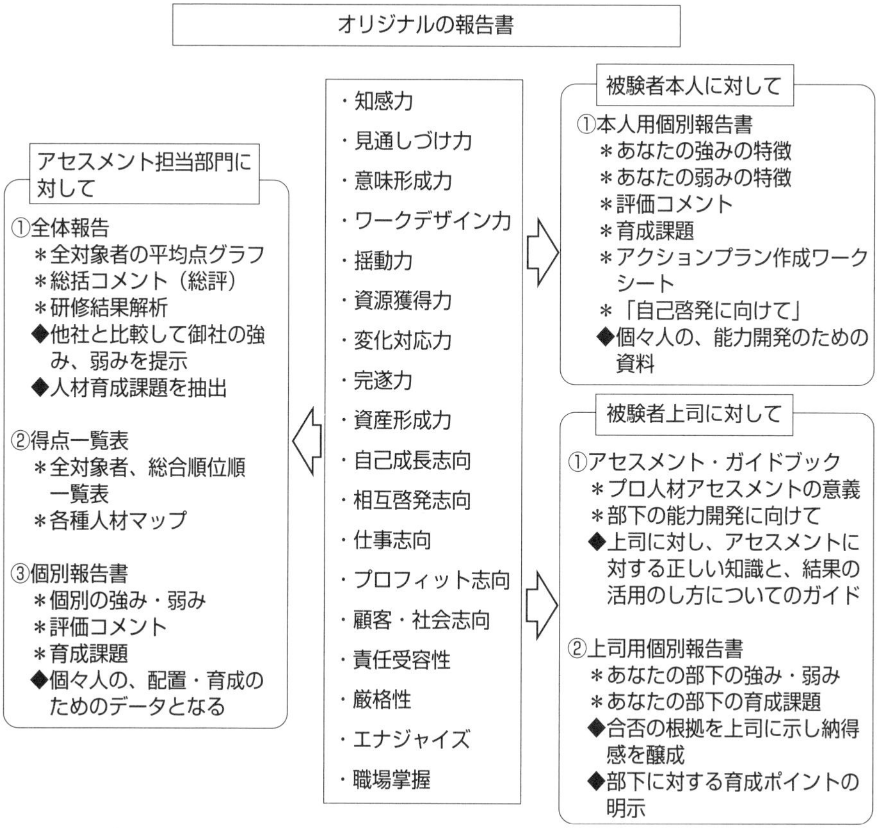

オリジナルの報告書

アセスメント担当部門に対して
① 全体報告
　＊全対象者の平均点グラフ
　＊総括コメント（総評）
　＊研修結果解析
　◆他社と比較して御社の強み、弱みを提示
　◆人材育成課題を抽出
② 得点一覧表
　＊全対象者、総合順位順一覧表
　＊各種人材マップ
③ 個別報告書
　＊個別の強み・弱み
　＊評価コメント
　＊育成課題
　◆個々人の、配置・育成のためのデータとなる

・知感力
・見通しづけ力
・意味形成力
・ワークデザイン力
・揺動力
・資源獲得力
・変化対応力
・完遂力
・資産形成力
・自己成長志向
・相互啓発志向
・仕事志向
・プロフィット志向
・顧客・社会志向
・責任受容性
・厳格性
・エナジャイズ
・職場掌握

被験者本人に対して
① 本人用個別報告書
　＊あなたの強みの特徴
　＊あなたの弱みの特徴
　＊評価コメント
　＊育成課題
　＊アクションプラン作成ワークシート
　＊「自己啓発に向けて」
　◆個々人の、能力開発のための資料

被験者上司に対して
① アセスメント・ガイドブック
　＊プロ人材アセスメントの意義
　＊部下の能力開発に向けて
　◆上司に対し、アセスメントに対する正しい知識と、結果の活用のし方についてのガイド
② 上司用個別報告書
　＊あなたの部下の強み・弱み
　＊あなたの部下の育成課題
　◆合否の根拠を上司に示し納得感を醸成
　◆部下に対する育成ポイントの明示

ント、今後の自己開発に向けた育成課題のアドバイスなどを明示する。今後の、被験者本人にとっての能力開発に向けた認識を促進していく。

②アセスメント担当部門への結果報告書

　全体報告　：アセスメント全対象者得点傾向（平均点グラフ）
　　　　　　　総括コメント（総評）
　　　　　　　研修結果解析（等級／部門／採用区分／年代層）
　得点一覧表：全対象者得点一覧

　　　　　各種人材マップ
　個別報告書：被験者全員の強みと弱みのディメンションとその特徴
　　　　　評価コメント
　　　　　今後の自己開発に向けた育成課題のアドバイス

　特に、全体報告の中では、企業の要望に応じて、研修結果解析にあるように、組織における被験者の属性である等級・部門・採用区分・年代層に焦点をあてて、それぞれの特徴を把握して、有意性のある要因を解析するアプローチがある。このアプローチによって、新たな個人・組織面での課題形成をすることができる。

③被験者の上司への結果報告書
　アセスメント・ガイドブック：プロ人材アセスメントの意義の説明
　　　　　　　　　　　　　　部下の能力開発に向けてのガイドライン
　上司用個別報告書　　　　：本人用個別報告書に加筆するパターンが標準

　アセスメント・ガイドブックは、プロ人材アセスメントの意義についてまとめた部下の能力開発に向けた重要な情報であり、上司に対してアセスメントに対する正しい知識と結果報告書の活用の仕方についてガイドするものである。
　上司用個別報告書は、被験者本人である部下の強み、弱み、総合コメント、育成課題のアドバイスなど、本人用の個人報告書に加筆した報告書を配布する。アセスメント結果が役職任用や等級昇格の最終合否判定に使われるような選抜型のアセスメントの場合には、合否の根拠となる評価データを、企業のアセスメント担当部門より上司に開示して、納得感を高めてもらう。
　これらの結果報告書は人材アセスメントの報告会の場面で、経営者層へのフィードバックという形で活用されることが多い。
　実際にあった話であるが、ある企業のプロ人材アセスメント報告会の席で、トップ以下、全役員に対してプロ人材アセスメントの結果の報告を実施した。そのとき、全体の得点の中で最下位クラスであった被験者の担当役員から、評価結果に対しての質疑があった。報告をしたアセッサーから、「では、その人が有能な人材であるという事実なり根拠を教えてほしい」と尋ねると、その役員から「彼は

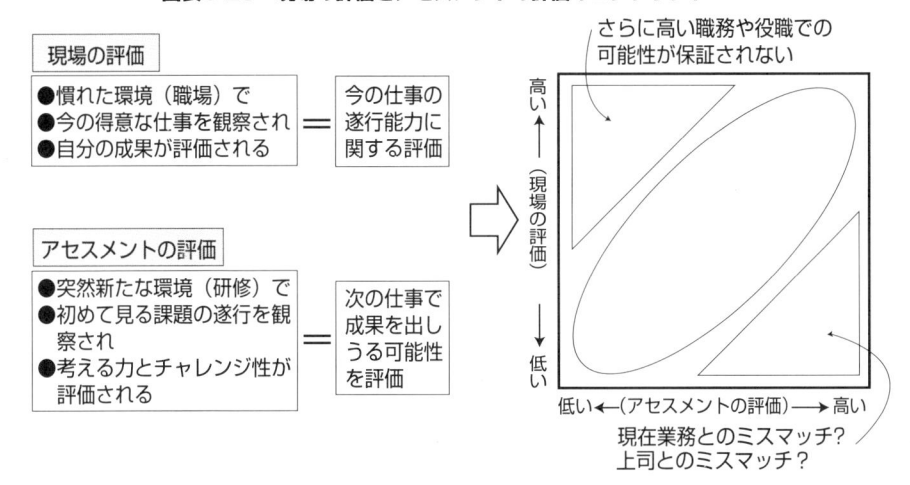

図表5-20　現場の評価とアセスメントの評価のコンフリクト

【現場の評価】
- 慣れた環境（職場）で
- 今の得意な仕事を観察され
- 自分の成果が評価される

＝ 今の仕事の遂行能力に関する評価

【アセスメントの評価】
- 突然新たな環境（研修）で
- 初めて見る課題の遂行を観察され
- 考える力とチャレンジ性が評価される

＝ 次の仕事で成果を出しうる可能性を評価

縦軸：（現場の評価）高い↑↓低い
横軸：低い←（アセスメントの評価）→高い

左上：さらに高い職務や役職での可能性が保証されない
右下：現在業務とのミスマッチ？　上司とのミスマッチ？

誰よりも早く出勤して、全社ＱＣ活動にも積極的に取り組み、真摯な態度で業務を遂行している」という返答があった。

このケースは、図表5-20にあるように、現場の評価とアセスメントの評価が必ずしも一致しない実例である。この食い違い、つまり評価のコンフリクトをどう考えればよいのだろうか。アセスメントを導入する一般的な目的は、①「可能性の予測」と②「客観性の確保」である。このケースの場合は、特に、①の「可能性の予測」という点の追求が重要である。図表の矩形の左上に位置する三角の部分である。

この被験者をさらに高い職務や役職につけた場合に、本人がその職務や役割を遂行する可能性が保証できないという評価の事実を、アセッサーとしては結果報告書、あるいは研修結果解析資料を用いて説明して、納得してもらうことが必要になる。このようなケースの克服にこそ人材アセスメントの真の必要性がある。

終章

さらなる人事評価の高度化に向けて

これまで述べてきたように、成果主義人事システムを機能させるための人事評価の重要なポイントとして、短期的な評価と、中長期的な評価の両面を重視し、それぞれの視点からの人事評価項目を明確にする必要があることを指摘してきた。

　このことをわかりやすく図表に表すと、図表6-1の通りである。横軸を短期的な評価と中長期的な評価の視点である「成果貢献－コンピテンシー」で分ける。縦軸は評価者を「内部－外部」の視点で分けている。以上の軸で4つの領域ができる。左上の「Ⅰ人事評価」を起点に、時計回りに「Ⅱ多面評価」、「Ⅲ外部評価」、「Ⅳ顧客評価」と呼ぶ。

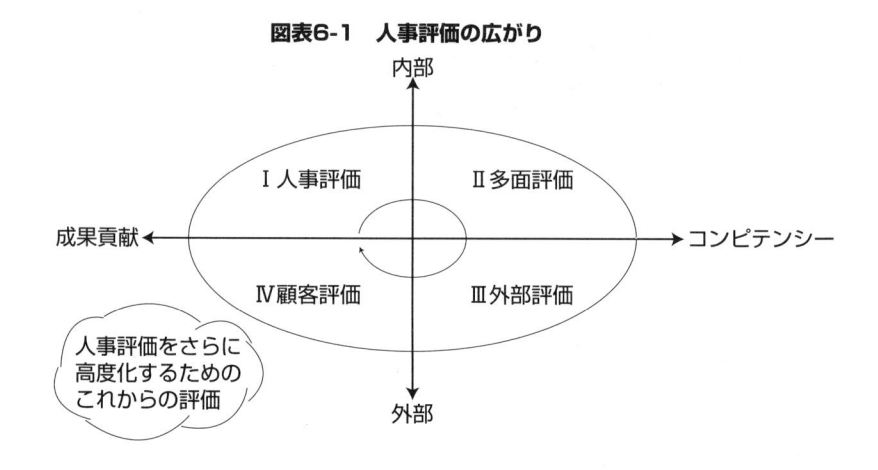

図表6-1　人事評価の広がり

```
                  内部
                   ↑
         ┌─────────┼─────────┐
         │ Ⅰ人事評価 │ Ⅱ多面評価 │
成果貢献 ←─┼─────────┼─────────→ コンピテンシー
         │ Ⅳ顧客評価 │ Ⅲ外部評価 │
         └─────────┼─────────┘
                   ↓
                  外部
```

（人事評価をさらに高度化するためのこれからの評価）

　Ⅰの人事評価は、内部で上司が部下の成果による貢献度を評価する領域である。定義された評価要素や評価基準に基づき、社員一人ひとりの目標や重要職務を、目標管理システムや履歴管理システムによって評価していく。

　Ⅱの多面評価は、内部で社員のコンピテンシーを中心に評価していく領域である。上司、同僚間の評価や部下による評価などの多面評価により、社内360度からの評価を実施していくことである。

　Ⅲの外部評価は、外部で社員のコンピテンシーを中心に評価していく領域である。縦軸の評価者が内部から外部へ移動することになる。外部のアセッサーによるアセスメントセンター方式の評価がここにあてはまる。

以上の 3 領域については、これまで述べてきた人事評価の内容である。

Ⅳの顧客評価は、外部から社員の成果貢献を評価する領域である。顧客評価についてはこれまで触れていないが、今後、さらに人事評価のあり方自体を高度化していくためには、この顧客評価の領域まで実施していく必要がある。

多くの企業が、経営理念や経営ビジョンで「顧客第一主義」を標榜している。標榜している以上、顧客第一主義が実際にうまくいっているかどうかを評価する必要がある。では、「だれが評価するか？」が問題になる。この問いに対する答えは顧客そのものであるといえる。つまり、一人ひとりの社員にとって「自分の顧客はだれか？」ということを明確にしなければならないということである。営業部門の社員のように、企業の顧客に直接かかわっている社員は、顧客が自分の提供している商品やサービスの価値に対して、満足したかどうかを評価されることになる。しかし、実際には売上達成状況や、一部の顧客から寄せられる満足の言葉やリピート率といった事実を上司が顧客になり代わって代行評価している場合が多い。

管理部門などの社員のように企業の顧客に直接かかわる機会が少ない社員については、特に自分にとっての顧客はだれかということを明確にしておかなければならない。たとえば、営業企画部門の社員にとっての顧客は、自社の営業社員である。また、営業企画部門の社員にとっての顧客評価は、提供した営業企画の内容に関しての、営業社員の満足度や有用性の評価ということになる。

今後、人事評価をさらに高度化するためには、それぞれの社員の顧客意識を高めて、できる限り顧客からの直接的な評価を実施し、上司の評価と併せて成果による貢献度の評価を実施していく必要がある。図表 6-1 の、Ⅰ人事評価、Ⅱ多面評価、Ⅲ外部評価に加えて、Ⅳ顧客評価を実施していけば、内部・外部、成果貢献・コンピテンシーの全側面からの人事評価を実施することができる。これが真の 360 度評価の実施である。

索　引

【あ】

アカウンタビリティ　133、138
アカウンタビリティ・シート　135、136、137
アセスメント結果報告　189
アセスメントセンター方式　37、48、178、179、182、194
アセスメント方式　37
アセッサー　37、164、178、183、188
洗い替え方式　86
意味形成力　169、173、174
Excavation 型（プロ人材候補の発掘）　181
エナジャイズ　172、173、174
オーガナイザー型プロ人材　180

【か】

会議方式　127
改善目標　118
外発的動機づけ　158、159
外部評価　194、195
過去思考　5、6
課題形成　104、106、107
課題形成力　104
課題遂行型プロマネジャー　180
課題の共有化　104
カテゴリー「克服」　170
カテゴリー「創造」　169
カテゴリー「統合」　169
環境分析　107、108
完遂力　170、173、174
技術・知識・ノウハウ　64、65、66、70、77
基礎給　81
基礎賞与　81
基礎年収系　81
期待する社員像　44
機能マネジメントの人材　163
給与処遇　14、15、16、17、18、19、20、21、22、27、44
給与処遇システム　20、21、81
協働目標　40、57、59、60、119、120
クリエーター型プロ人材　180
クロスレビュー　145、146、150

経営計画システム　16
経営ビジョン　14、16、18、20、22、23
経営理念　14、16、17、18、20、22、23
傾聴のスキル　160
厳格性　172、173、174
検証評価　140、141、143、148
降格審査　51
貢献度　12、35、60、75、132、142、144
貢献度評価　38、141、142、143、144、145
行動目標　38、99、112、113、119
顧客・社会志向　171、173、174
顧客評価　194、195
克服　173、174
個人目標　14、15、17、18、19、20、22、25
個別目標　59、119、120
コミュニケーションスキル　157
コンピテンシー　31、32、36、41、48、49、73、162、165、167、194
コンピテンシー評価のためのディメンション　164

【さ】

財務成果　108、109、110
財務目標　17、34、35、36、38、39、40、41、54、55、56、58、59、60、64、65、75、77、80、108
査定評価　140、141、143、148
360度診断　176、177、182、183、184
360度評価　37
資源獲得力　169、173、174
自己成長志向　170、171、173、174
自己説明責任　133、136、138
仕事志向　171、173、174
施策成果　108、109
施策目標　17、35、36、38、39、41、54、55、57、58、60、65、70、75、108
資産形成力　170、173、174
資産の蓄積　168
市場・顧客　64、65、66、67、70、77
市場・顧客分析　107、108
実行　168
重要職務　17、18、31、35、36、39、41、44、

　　　　　　　　　　75
昇格審査　44、46、48、49、50
状況説明のスキル　159
状況の定義　168
商品・サービス　64、65、66、70、77
職責の要件　124
職能資格制度　2、166
職場運営適性　167、168、171、172、173、174、
　　　　　　　175、182
職場掌握　172、173、174
諸手当　81、82、87、88
人材　64、65、66、70、77
人材アセスメント　31、32、36、37、49、162、
　　　　　　　　163、181、182、191
人材育成　6
人材マネジメントシステム　14、15、16、18、
　　　　　　　　　　　　19、20、21、22、23、24、
　　　　　　　　　　　　25、26、27、28、30、92、
　　　　　　　　　　　　94、95
人事運用のプロセス　93
人事評価　14、15、16、17、18、19、20、21、
　　　　　22、26、34
人事評価研修　32
人事評価システム　20、21、74
人事評価者訓練　151、152
人事評価の公式　74、76、77
人事評価の算式　76、77
真の360度評価　195
成果開発　6、16、17、18、19、94、96、104、
　　　　　106、107、129、137、140
成果給　81
成果賞与　81
成果創出　182
成果創出スキル　167、168、171、172、173、
　　　　　　　　175
成果創出プロセス　101、129
成果創出への志向性　167、168、170、171、
　　　　　　　　　172、173、174、175、182
成果年収系　81
成果配分　6、16、17、18、19、21、93、141
成果評価　140、141
成果評価研修　153
成果評価シート　78、79
成果評価プロセス　101、140
成果報告シート　134、136、137
成果明確プロセス　101、102
成果目標　38、99、105、112、113、114、119、
　　　　　142

成長の要件　121
責任受容性　172、173、174
絶対評価　141、142
攻める仕事　117
Selection 型（プロ人材の選抜）　181
全社経営計画　14、16、18、20、22、23
専門領域の人材　163
相互啓発志向　170、171、173、174
創造　173、174
相対評価　141
組織運営型プロマネジャー　180
組織貢献　10、12、18、32、44、45、75、131、
　　　　　133、143
組織貢献型　9、12
組織の役割分析　107、108
組織編制　14、15、16、18、20、21、22、23
組織目標　14、15、16、17、18、19、20、22、
　　　　　24

【た】

体験型演習　183、184
達成度評価　142、144
多面観察評価　36、37、48、176、177
多面評価　194、195
短期的な人事評価　15、36、74
短期的評価　21、31、32、44、83、162
知恵の創出の場面　124
知感力　169、173、174
チャレンジングな目標　121、124
抽象ワード　115、116
中長期課題管理シート　62、63、67
中長期的な人事評価　15、36
中長期的評価　21、31、32、41、44、48、51、
　　　　　　　83
積み上げ方式　86
ディメンション　173、175、176、182、183
Development 型（自律型人材の開発）　181
等級基準　41、44、45、47、50、142
等級・役職システム　20、21、44
統合　173、174

【な】

内発的動機づけ　158、159
ナレッジ　41、71、72
難易度評価　144
納品要件　114、115

索　引

能力開発目標　127、128

【は】

発問のスキル　160
ビジネスコーチング研修　157、158
ビジョンの形成　168
評価ディメンション　167、168
評価面談　147、148
品質要件　114、115
フィードバック　146、147、148、149、150、174、177
ブレイクダウン　14、15、17、18、19、20、22、25、116、117
プレ（事前）・フィードバック　150
プロ人材　163、165、166、167、168、169、172、176、180、181、183、184、187
プロ人材アセスメント　179、180、182、184、185、186、187、188
プロセスデザイン　168
プロフィット志向　171、173、174
プロマネジャー　172
プロモーター型プロ人材　180
変革創造型プロマネジャー　180
変化対応力　170、173、174
ポイント方式　84、85、86

【ま】

マネジャー研修　151
マネジャーの５つの役割　151
守る仕事　117
見通しづけ力　169、173、174
未来思考　5、6
面談方式　127
目標改良型　9、11、12
目標管理システム　17、18、20、21、31、32、34、35、36、38、39、40、54、55、75

目標成果評価　75、76、77、80
目標設定　33
目標設定研修　32、152
目標設定と人事評価の運用改善シート　154、155、156
目標設定とブレイクダウン　168
目標設定内容のチェックシート　122、125
目標設定の４つのプロセス　102
目標設定面談　124、125、126
目標設定リード力　33
目標設定力　33
目標達成のフォロー力　33
目標中心型　9、10
目標の変更と追加　138
目標評価　33、34
目標評価力　33

【や】

役職手当　81
優良施策公開シート　71、72、73
揺動力　169、173、174
４つの切り口　64、65、66、67、71

【ら】

履歴管理　130、131、132、137、141、144、150
履歴管理シート　68、69、70
履歴管理システム　17、18、20、21、31、34、35、36、39、41、42、61、75、133
履歴成果評価　76、77、80

【わ】

ワークデザイン力　169、173、174

監修者・執筆者紹介

〔監修・執筆者〕

◆小川　晃弘（オガワ　アキヒロ）
学校法人産業能率大学総合研究所　教授　経営管理研究所　ソリューションセンター長。
上智大学経済学部卒業後、民間企業にて経営企画業務、経営コンサルティング業務を経験後、本学に入職。
現在、個人と組織の成果開発の視点からの人事システムの構築、導入、運用、定着の一貫したコンサルティング活動を展開している。また、人事システムの運用強化を促進するための目標管理研修、人事評価研修、あるいはコミュニケーションスキルの向上のためのビジネスコーチング研修など幅広く活躍している。
産業能率大学大学院ＭＢＡコース・コンサルティングワークショップ（人材・組織マネジメント）担当。

〔執筆者〕（50音順）

◆額賀　剛（ヌカガ　タケシ）
学校法人産業能率大学総合研究所　経営管理研究所　主幹研究員。
早稲田大学商学部卒業後、銀行に入行。銀行の経営研究所で人事管理コンサルティング業務を経験後、本学に入職。
現在、マネジメントの視点から業績、成果開発を促進する人事システムの構築から運用、定着までのコンサルティング活動を展開し、好評を得ている。また、マネジャー研修、ビジネスコーチング研修などマネジメント研修の講師としても幅広く活躍している。
クライアントは、民間企業をはじめ、学校法人、特殊法人など多岐にわたっている。

◆柳原　愛史（ヤナギハラ　アイシ）
学校法人産業能率大学総合研究所　経営管理研究所　主幹研究員。
立命館大学法学部卒業後、小売業およびそのグループ会社で、営業担当、採用、人事企画、能力開発、秘書、広報部門のマネジャー業務を経験後、本学に入職。
現在、人事システムの構築から運用強化に関するコンサルティング活動、人材アセスメントなど一貫して成果開発型の人事システムの普及に努めている。また、これらの人事システムを軸としたマネジメント改革の専門家として、目標設定・人事評価研修、ビジネスコーチング研修、問題解決型研修など幅広い分野で活躍している。
クライアントは、規制改革の波をいち早くキャッチし、病院や電力・ガスなどのエネルギー、テレビ放送界をはじめ、多岐にわたっている。

～お問い合わせ先～

(学) 産業能率大学総合研究所　http://www.hj.sanno.ac.jp

＊本書の内容全般についてのご質問等は、下記のメールアドレス宛てにお問い合わせ下さい。

E-Mail : webm@hj.sanno.ac.jp

＊具体的なコンサルティングについてより詳細な内容等をご希望される場合は、下記宛てにご連絡いただければ幸いです。

・研修管理部開発推進課
　TEL 03 - 5758 - 5109

・普及事業本部第2普及事業部事業推進課
　TEL 03 - 5758 - 5102

〔(学) 産業能率大学総合研究所普及事業本部〕
第1普及事業部（東京）	03 - 5758 - 5110
第2普及事業部（東京）	03 - 5758 - 5102
東日本事業部（東京）	03 - 5758 - 5115
東北事業センター（仙台）	022 - 265 - 5651
北関東事業センター（さいたま）	048 - 643 - 5531
中部事業部（名古屋）	052 - 561 - 4550
西日本事業部（大阪）	06 - 6347 - 0321
中国事業センター（広島）	082 - 261 - 2411
九州事業センター（福岡）	092 - 716 - 1151

産能大式　機能する成果主義人事実践ガイド
―組織貢献型人事システムの構築と運用ポイント―

〈検印廃止〉

編　著　者	(学)産業能率大学総合研究所
	人事システム開発プロジェクト
監　修　者	小川晃弘
発　行　者	萩原敏郎
発　行　所	産業能率大学出版部
	東京都世田谷区等々力6-39-15　〒158-8630
	（電話）03(6266)2400
	（FAX）03(3211)1400
	（振替口座）00100-2-112912

Ⓒ 2005, Printed in Japan.

2005年11月27日　初版1刷発行
2007年2月20日　　　2刷発行

印刷所／渡辺印刷　製本所／協栄製本

（落丁・乱丁本はお取り替えいたします）

ISBN978-4-382-05552-0